LA VIE FUTURE

ou

L'IMMORTALITÉ DE L'AME

DEVANT L'OPINION HUMAINE

PAR

M. LE Dr MAURICE BASTIÉ

Médecin de l'Hospice de Graulhet,
Lauréat et Membre correspondant de l'Académie des Sciences et Belles-Lettres
de Toulouse, Lauréat de l'Institut de France, de l'Académie du Maine,
de la Société scientifique et littéraire des Pyrénées-Orientales,
de la Société de tempérance de Paris, etc.

Ouvrage couronné par l'Académie des Sciences et Belles-Lettres
de Toulouse, dans la séance du 9 juin 1895 (Prix Caussall).

Sursum corda.
« Élevez vos cœurs. »

ALBI
IMPRIMERIE HENRI ANALRIC
11, rue de l'Hôtel-de-Ville, 11
1903

LA VIE FUTURE

ou

L'IMMORTALITÉ DE L'AME

LA VIE FUTURE

OU

L'IMMORTALITÉ DE L'AME

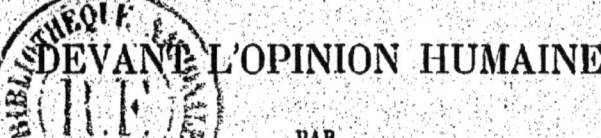

DEVANT L'OPINION HUMAINE

PAR

M. LE Dr MAURICE BASTIÉ

Médecin de l'Hospice de Graulhet,
Lauréat et Membre correspondant de l'Académie des Sciences et Belles-Lettres
de Toulouse, Lauréat de l'Institut de France, de l'Académie du Maine,
de la Société scientifique et littéraire des Pyrénées-Orientales,
de la Société de tempérance de Paris, etc.

Ouvrage couronné par l'Académie des Sciences et Belles-Lettres
de Toulouse, dans la séance du 9 juin 1895 (Prix Gaussail).

Sursum corda.
« Elevez vos cœurs. »

ALBI
IMPRIMERIE HENRI AMALRIC
14, rue de l'Hôtel-de-Ville, 14
1903

EXTRAIT du Rapport de M. le Baron Desazars sur le concours du Prix Gaussail et sur le manuscrit intitulé : DE L'IMMORTALITÉ, de M. le Docteur Maurice Bastié, lu à la séance de l'Académie des Sciences de Toulouse, le 9 juin 1895.

———

« La deuxième partie du Prix Gaussail a été attribuée à M. le Docteur Maurice Bastié, médecin à Graulhet (Tarn) : c'est un volumineux manuscrit de 280 pages et intitulé : *L'Immortalité de l'Ame devant l'opinion humaine.*

« Il y a une autre vie après la vie présente : telle est la thèse de l'auteur de ce Mémoire, qui veut le prouver par le consentement de tous les peuples de l'univers et des plus grands philosophes de l'antiquité et des temps modernes.

« Son œuvre est le commentaire de la parole d'un savant illustre, M. de Quatrefages : « L'homme est un animal religieux (1). »

« Le dogme de l'immortalité, s'il n'est pas toute la religion, en est du moins une partie intégrante, nécessaire, essentielle en un mot. Pour le démontrer, l'auteur va de Moïse à Jules Simon, il passe en revue les philosophes, leurs systèmes, les diverses religions.

« Sa conclusion est celle-ci : l'accord sur une vérité d'une si grande importance, malgré les différences et les oppositions de races, d'époques, de milieux, d'institutions, de mœurs, de croyances, est une preuve de son origine divine.

« Nous arrivons à cette conclusion après 280 pages et 34 chapitres. Il ne faut pas se plaindre que l'argument soit

———

(1) Avant M. de Quatrefages, Aristote avait défini l'homme : « Un animal politique et religieux. » On peut opposer avec confiance cette opinion, qui est la vraie, à celle des matérialistes de l'antiquité, et à celle des libres penseurs ou athées de notre âge, qui n'accordent à l'homme qu'une âme sensitive, analogue à celle des animaux et qui périt avec les sens.

écourté ; au contraire, il est développé avec ampleur et abondance.

« Au reste, il a bien sa valeur, et, s'il n'est pas le plus décisif pour démontrer que l'âme est immortelle, il est pourtant légitime et important.

« Il faut louer sans réserve la franchise des convictions spiritualistes et chrétiennes de l'auteur du Mémoire, il dit loyalement ce qu'il est et ce qu'il veut. Son œuvre atteste des lectures variées et des recherches érudites. La langue est claire, et tout révèle dans son travail le bon sens, des intentions droites, la conscience et la sincérité ; mais on pourrait peut-être réduire des deux tiers son volumineux envoi... La difficile question de la croyance douteuse des Hébreux est assez bien résolue ; les conclusions toutefois ne sont pas formulées avec une précision suffisante.

« Est-il incontestable qu'Aristote admettait Dieu comme cause finale et non comme cause efficiente ? De récentes études affirment le contraire.

. . . .

« En somme, ce Mémoire rappelle les honnêtes et sérieuses études d'Auguste Nicolas sur le christianisme.

« C'est l'éloge et la critique qu'il mérite.

« En le faisant participer à la plus haute récompense du concours de cette année, l'Académie a voulu reconnaître le zèle infatigable que ne cesse de déployer M. le Docteur Maurice Bastié pour la science et l'érudition en même temps que pour les travaux professionnels. Elle s'estime heureuse de pouvoir ainsi couronner une fois de plus sa verte et vaillante vieillesse. »

AVERTISSEMENT

Il y a plusieurs preuves de l'immortalité de l'âme :

1º Une preuve métaphysique qui repose sur la distinction de l'âme et du corps ;

2º Une preuve théologique, qui n'est autre que l'autorité imposante des Saintes Écritures, de l'ancien et du nouveau Testament, celle des Pères de l'Église, etc. ;

3º Enfin, une troisième preuve est celle du témoignage universel du genre humain et le consensus de tous les grands hommes de l'antiquité et des temps modernes.

La première, essentiellement philosophique, conclut, de la différence du corps et de l'âme, de leurs propriétés tout opposées, à la différence de leur destinée, lorsque la séparation a lieu, au moment de la mort. Le corps, enveloppe matérielle de l'âme, composé de particules divisibles à l'infini et de nombreux organes d'une durée limitée, se dissout sous nos yeux, ses éléments multiples se séparent, entrent dans de nouvelles combinaisons qui ne retiennent rien de son existence matérielle et ne peuvent la reproduire. L'unité du corps est donc détruite à jamais.

Mais il ne peut en être de même de l'âme, dont la constitution est tout opposée. L'âme est une, indivisible ; son élément constitutif est la pensée, qui est toujours entière (1). Conçoit-on une moitié de pensée, un tiers, un quart de pensée, etc. ? La pensée, nous le répétons, est une, indivisible, ou elle n'est pas. S'il en est ainsi, elle ne peut être détruite à la mort, elle persiste après la séparation du corps.

Reste-t-elle latente, ou s'associe-t-elle à un nouveau corps, et dans quelles conditions ? On l'ignore ; c'est un mystère comme tant d'autres, que notre faible intelligence ne peut pas percer ; mais, d'après sa nature, dont l'évidence est indiscutable, elle existe après la mort ; cela suffit : elle est donc immortelle.

La preuve théologique est admise par toutes les religions de

---

(1) Victor Cousin, *Du vrai, du beau et du bien*.

l'univers, elle est le corollaire nécessaire du dogme de l'existence de Dieu. La religion chrétienne surtout l'affirme d'une manière absolue. L'évangile la rappelle à chaque page; les Pères de l'Eglise en font la base de leurs instructions. Cette vérité en somme est adéquate à l'idée de Dieu et ne peut en être séparée.

La troisième preuve est le témoignage unanime du genre humain et de tous les grands hommes de l'antiquité et des temps modernes. C'est celle-là que nous avons voulu exposer avec détail, dans l'espoir qu'elle ferait plus d'impression que les autres sur l'esprit de ceux qui nous liront.

La preuve métaphysique, ou celle qui est fondée sur la différence de nature du corps et de l'âme, n'est pas à la portée de tout le monde, et ce critérium peut paraître douteux à des esprits superficiels. Quant à la preuve théologique, il est évident qu'elle ne s'adresse qu'aux croyants, elle peut fort bien être rejetée par les libres penseurs, les athées, et en général par tous ceux qui n'ont pas la foi et qui n'admettent pas l'autorité des Ecritures.

Il n'en est pas de même de la troisième preuve, de celle que nous allons exposer avec détail : celle du témoignage universel du genre humain, de tous les grands hommes de l'antiquité et des temps modernes, vérité de sens commun, qui s'adresse à tout le monde et qui paraît irréfutable.

Tous les peuples du monde l'ont admise. Peut-on supposer que tant d'hommes séparés par des mers, qui ne se sont jamais vus, aient inventé ce dogme de l'immortalité de l'âme? Dans ce cas, cette unanimité serait-elle possible ?

Il est évident que cette idée est née dans la conscience humaine; et qui l'y a mise, si ce n'est Dieu ? Elle est donc d'origine divine, et elle est infaillible et indestructible comme Dieu même.

C'est pour inculquer cette vérité aux hommes et la rendre un critérium irréfutable, que nous ferons défiler devant les lecteurs le cortège imposant de tant de témoignages et surtout celui de tant de grands hommes qui, depuis la plus haute antiquité jusqu'à nos jours, ont professé avec conviction ce dogme de l'immortalité de l'âme et ont été unanimes dans la même foi.

INTRODUCTION

Un mystère profond, impénétrable, enveloppe la destinée humaine. Que sommes-nous? D'où venons-nous? Où allons-nous?

Que faut-il penser de ce spectacle immense, d'une incomparable beauté, que nous présente l'univers aussi loin que notre vue ou nos instruments peuvent atteindre?

La lumière éblouissante du soleil ne nous permet d'apercevoir pendant le jour que les harmonies et la variété infinie des milliers d'objets qui se pressent sur notre globe et attirent sans cesse nos regards : la terre avec ses fleuves, ses lacs, ses mers immenses, dont les flots tantôt calmes, tantôt agités, nous donnent l'idée de l'infini; ses millions de plantes, dont la verdure charme nos yeux, qui se parent de fleurs aux couleurs les plus éclatantes et les plus variées, et donnent aux champs, aux bois, aux prairies, l'aspect d'un parterre à perte de vue.

Tous ces objets excitent notre admiration et nous plongent dans une sorte de ravissement.

Mais ce n'est que la moitié du spectacle. Au jour succède la nuit, et le ciel, que la lumière du soleil inondait et voilait entièrement, dès que cet astre a disparu, laisse apparaître des millions de feux qui s'allument de toute part et percent peu à peu la pâle tenture du ciel.

Ces étoiles, dont la flamme nous arrive après avoir parcouru des espaces sans limites, se rangent les unes auprès des autres, et toute la voûte céleste se dispose pour une immense illumination. Ce sont, disent les savants, autant de soleils, autour desquels décrivent des orbites à l'infini une foule de planètes plus ou moins semblables à la nôtre. Et ces globes démesurément grands, quel rôle doivent-ils jouer à des distances qu'il est impossible de calculer? Sont-ils aussi habités, et quelles sont les créatures qui les ont peuplés? Ou bien ces astres ne sont-ils que des solitudes à perte de vue, des déserts immenses, où il n'y a aucun être animé, et où la vie ne s'est pas encore manifestée?

Cette création, qui s'étend à l'infini et dont nous n'apercevons sans doute que la plus minime partie, est-elle sa cause à elle-même ou est-elle l'œuvre d'une puissance souveraine, d'un être infini en grandeur, en sagesse et dont les desseins nous sont entièrement cachés? Que d'énigmes autour de nous, que de problèmes que notre faible raison est actuellement impuissante à résoudre et qu'elle ne résoudra peut-être jamais!

Si de ces hauteurs incommensurables, où le vertige nous saisit et où notre vue ne distingue plus rien, nous redescendons vers la terre, et si nous nous absorbons dans la contemplation de tout ce qui nous entoure, que de sujets d'étonnement! Que de phénomènes dont la cause nous est cachée! Que de mystères inaccessibles à notre intelligence!

D'où tirent leur origine ces nombreuses substances minérales qui entrent dans la composition de notre globe, et d'où sont venus cette multitude d'êtres animés, végétaux, animaux, qui ont peuplé les immenses solitudes que présentait notre planète lorsqu'elle fut suffisamment refroidie et que la vie put se développer de toute part?

Cette création, comment s'est-elle faite? Est-ce graduellement, par transformations successives, comme le prétendent les auteurs de la doctrine de l'évolution ou du transformisme ? Et cette science hypothétique pourrait-elle expliquer ce qui nous paraît incompréhensible (1) ? Ou bien, faut-il s'en rapporter au récit de Moïse, d'après lequel la parole de Dieu aurait d'un seul jet créé tout ce que nous voyons ?

L'homme enfin, le résumé de la création, n'est-il pas le plus incompréhensible des êtres ? Quand a-t-il apparu sur la terre ? Etait-il seul avec sa compagne, ou y a-t-il eu sur divers points du globe des créations spéciales et multiples, ce qui expliquerait les diverses races qui peuplent les deux hémisphères ? A-t-il commencé par l'état sauvage, et a-t-il traîné pendant des milliers d'années une existence misérable, étrangère aux arts, à l'industrie, et à peu près analogue à la condition des animaux ? Tels nous voyons aujourd'hui les peuples sauvages de l'Afrique méridionale, les Hottentots, les habitants de l'Océanie, etc. Ou y a-t-il eu, comme les traditions les plus anciennes tendent à nous le faire croire, une civilisation primitive, un état plus parfait, un âge d'or d'après la mythologie, un paradis d'après les chrétiens ?

Quelle que soit l'origine de l'homme, secret impénétrable pour nous, on peut se demander quel est le but de son existence.

Jeté nu et sans défense sur une terre ingrate, qui ne produisait que des ronces et des épines, il lui a fallu un travail et des efforts inouïs pour se mettre à l'abri des intempéries de l'air, pour se donner des vêtements que la nature lui avait refusés, pour arracher à la terre le grain qui devait le nourrir, enfin pour se défendre contre des animaux féroces cent fois plus forts que lui. Ce n'est pas tout : après avoir lutté contre les éléments et contre les bêtes, il lui a fallu soutenir des guerres continuelles contre ses semblables, guerres atroces qui

---

(1) Darwin, *De l'Origine des espèces.*

n'ont pas cessé d'ensanglanter le globe, et que les progrès de la civilisation ont été impuissants à conjurer.

Qui pourrait expliquer ces violences, ces massacres, ces cruautés, ces crimes odieux, dont l'homme se rend tous les jours coupable, et comment Dieu peut-il permettre ou autoriser par son silence tant de crimes, tant de misères effroyables, dont le spectacle confond notre imagination et nous ferait presque douter de la Providence?

Ces mystères, si grands qu'ils nous paraissent, ne sont rien auprès du problème terrifiant de la destinée humaine.

Après avoir vécu un petit nombre d'années, avoir travaillé comme un forçat pour soutenir sa malheureuse existence; après avoir souffert dans son âme, dans son corps; après avoir été éprouvé par les maladies innombrables qui assiègent l'humanité; après avoir été en butte à la haine, à la jalousie, aux persécutions, à l'ingratitude de ses semblables; enfin après avoir vu mourir ses parents, ses amis, tous ceux qu'il aimait le plus, il arrive un moment où l'homme, fatigué, épuisé, s'arrête, haletant, découragé, au bord d'une tombe qu'on a creusée pour lui. Privé de sentiment et de vie, on l'y jette comme un vil fardeau dont on a hâte de se débarrasser; on le recouvre de terre, et, comme l'a dit un auteur célèbre, en voilà pour jamais (1)!

Cependant, ces peines physiques, ces peines morales, ces tourments, cette mort si prompte, ne sont rien auprès des angoisses que lui ont causées, pendant le peu de jours qui lui ont été dévolus, son ignorance des choses qu'il lui importait le plus de savoir et la pensée du sort qui lui était réservé après la mort.

---

(1) Pascal.

Si son âme, comme une légère vapeur, se dissipe au moment où elle se sépare de l'enveloppe matérielle qui était nécessaire à sa manifestation, s'il ne reste rien de l'homme, en un mot, et si l'anéantissement de son être est complet, comme le veulent les matérialistes, il aurait tort de s'inquiéter, il est vrai ; tout au plus, pourrait-il avoir quelques regrets, si sa vie par exception a été constamment heureuse, s'il a été comblé des dons de la fortune, s'il a réussi dans toutes ses entreprises, s'il a été exempt de tous les maux qui affligent l'humanité. Mais s'il en est autrement, s'il a vécu dans la misère et dans l'humiliation, s'il a été torturé par la souffrance, éprouvé par des pertes cruelles, ou en butte à des disgrâces continuelles, ne doit-il pas se réjouir de voir finir ses peines et de rentrer inanimé et inconscient dans l'éternel repos ?

Malheureusement pour le matérialiste, cette idée de la destruction totale de notre être n'est rien moins que certaine. Qui pourrait affirmer, en effet, que tout finit à la mort ? Le sentiment intérieur que nous apportons en naissant avec l'idée de Dieu et la notion du bien et du mal ; par-dessus tout, le consentement universel de tous les peuples ; enfin l'opinion des plus savants philosophes et celle des plus grands hommes, qui, par l'élévation et l'étendue de leur intelligence, ont honoré l'humanité, proclament l'immortalité de l'âme et la continuité de notre être, même après la destruction de notre corps.

Cette question de la vie future est d'une si grande importance pour l'homme qui pense, elle a été si souvent agitée sans être résolue par les seules forces de la raison, qu'on peut dire qu'elle est toujours nouvelle, qu'elle sera traitée indéfiniment, et que la curiosité de l'homme ne sera jamais entièrement satisfaite.

C'est ce redoutable problème de notre destinée qui

jetait le trouble dans l'âme de Pascal et l'entraînait jusqu'aux limites du désespoir.

Qui ne se rappelle les terreurs de J.-J. Rousseau (1) abandonné à ses réflexions dans la solitude des Charmettes, et s'exerçant à viser un arbre avec un caillou, pour savoir, selon qu'il toucherait le but ou non, s'il serait sauvé ou damné.

La crainte de l'enfer n'était pas moins grande chez un saint du quatrième siècle, saint Jérôme, lorsque, brûlé par les feux de la concupiscence, transporté par l'imagination au milieu des jeunes Romaines, et se rappelant les plaisirs de sa jeunesse, il cherchait à mortifier ses sens par le jeûne, et humiliait son front dans la poussière, se dérobant à ses pensées voluptueuses par la peur de la damnation éternelle.

De nos jours, un poète célèbre, Alfred de Musset, fut tourmenté longtemps dans sa jeunesse, nous dit son biographe (2), par les mêmes craintes, et le mystère effrayant de cette vie et l'incertitude de la destinée à venir lui causaient parfois des angoisses mortelles.

Il est donc toujours permis de revenir sur cette grave question de l'immortalité de l'âme, et de chercher à résoudre soit par les forces de notre intelligence, soit par les lumières de la foi, cet éternel problème si intimement lié à l'idée de Dieu, à la notion du bien et du mal; idées qui ne nous viennent pas des sens, qui paraissent le fruit de notre constitution pensante, et qui, suivant qu'on les repousse ou qu'on les admet comme des vérités absolues, conduisent, dans le premier cas, au matérialisme le plus abject, à la perte de l'individu et à la destruction de la société, ou font triompher le spiritualisme, et avec lui la morale, qui en est le corol-

---

(1) *Confessions.*
(2) Paul de Musset.

laire, appelant l'homme aux plus hautes destinées et l'égalant presque aux êtres supérieurs, ministres de la divinité.

Convaincu de l'utilité et de l'importance de cette étude, qui a pour objet la vie humaine, qu'on peut appeler extra-terrestre, soit qu'elle ait préexisté à la vie présente, qui ne serait qu'un anneau intermédiaire de cette longue chaîne, soit qu'elle se développe après la mort dans un monde meilleur et qui nous est inconnu, nous passerons en revue les théories religieuses qui ont rapport à l'immortalité de l'âme, l'opinion des philosophes et des grands hommes qui, depuis les temps les plus anciens jusqu'à nos jours, ont traité ce sujet d'un si grand intérêt pour nous, et nous tâcherons de conclure, en cherchant à concilier ces diverses opinions avec les croyances que le christianisme nous impose, et qui sont admises par les peuples les plus civilisés du globe.

LA VIE FUTURE

ou

L'IMMORTALITÉ DE L'AME

CHAPITRE PREMIER

LE DOGME DE LA VIE FUTURE CHEZ LES DIVERS PEUPLES DE L'UNIVERS

Buffon (1) a tracé un tableau émouvant de la surprise agréable qu'éprouva le premier homme, lorsqu'il ouvrit les yeux à la lumière, dans le lieu de délices où Dieu l'avait placé.

« Je me souviens, dit Adam, de cet instant plein de joie et de trouble, où je sentis pour la première fois ma singulière existence.

« Je ne savais ce que j'étais, où j'étais, d'où je venais; j'ouvrais les yeux ; quel surcroît de sensation ! La lumière, la voûte céleste, la verdure de la terre, le cristal des eaux, tout m'occupait, m'animait et me donnait un sentiment inexprimable de plaisir.

« Au bout de quelques heures, le sommeil mit fin à ces sensations agréables. Tout fut effacé, tout disparut. La trace de mes pensées fut interrompue, je perdis le sentiment de mon existence. Ce sommeil fut profond; mon réveil ne fut qu'une seconde naissance, et je sentis

(1) *Histoire naturelle*, t. XIII.

seulement que j'avais cessé d'être. Cet anéantissement que je venais d'éprouver me donna quelque idée de crainte, et me fit sentir que je ne devais pas exister toujours. »

. . . .

Dans l'état actuel, l'homme, dès sa naissance, est entouré de soins ; dès que son intelligence est éveillée, ses parents ou ses maîtres lui inculquent graduellement tout ce qu'il est obligé de savoir.

Son éducation morale se développe peu à peu, en même temps que son éducation physique ; aussi le spectacle de l'univers, les mille objets qui l'entourent, ne peuvent lui causer aucune surprise, il y est habitué depuis longtemps.

Mais le premier homme était isolé, abandonné à lui-même, et il lui fallut sans doute beaucoup de temps pour se familiariser avec cette nature si nouvelle et si étrange pour lui ; pour pourvoir à ses besoins les plus pressants, s'habiller puisqu'il était nu, se procurer sa nourriture, etc.

Quant aux lois de la nature, à celles qui président à la vie et à la mort, elles ne pouvaient être d'abord saisies par lui, et son étonnement et celui de sa compagne durent être bien grands, lorsqu'ils furent témoins pour la première fois de la mort de ceux qui les entouraient.

Si on s'en rapporte au récit de la Bible, la mort qui fit au commencement son apparition sur la terre, dont ils ne pouvaient avoir aucune idée et qui leur enleva leur fils Abel, dut les remplir de stupéfaction.

Qu'était-ce que cette mort qui anéantissait tout d'un coup l'objet de leur tendresse ? Le même sort leur était-il réservé, et ne devait-il rien rester de ce corps qui était auparavant plein de vie ? Ils l'ignoraient. Pouvaient-ils supposer que cet esprit qui lui donnait le mouvement avait échappé à la dissolution, qu'il existait quelque part, qu'il reprendrait une nouvelle forme et qu'il aurait le privilège de l'immortalité ?

Si cette pensée vint au premier homme, ce qui est douteux, il faut avouer qu'elle était contraire au témoignage des sens, et qu'elle était condamnée par les apparences.

Quoi qu'il en soit, rien ne prouve que les premiers hommes, qui avaient tous les jours sous les yeux le spectacle de la mort, et avec lequel ils avaient dû se familiariser, aient cru à l'immortalité de l'âme et à son existence après la dissolution du corps. Ce n'est que beaucoup plus tard, comme nous le verrons, que cette idée se retrouve chez les tribus ou les corps de nation qui se formèrent après le dernier grand cataclysme et peuplèrent les principales régions du globe.

Cette idée, exprimée plus ou moins grossièrement, était sans doute à l'état latent au fond de la conscience humaine, comme nous le démontrerons plus loin, avec l'idée de Dieu, la notion du bien et du mal ; mais, de même que les religions de ces temps primitifs, les conditions de cette vie future devaient être extrêmement variées, associées à des fables plus ou moins bizarres, et chaque peuple devait avoir sur ce sujet des opinions bien différentes.

CHAPITRE II

LA VIE FUTURE CHEZ LES HÉBREUX

La Bible nous montre les descendants d'Adam adorant la divinité, lui offrant des sacrifices.

Noé, au sortir de l'arche, dresse un autel au Seigneur, et, *prenant de tous les animaux et de tous les oiseaux* purs, il les lui offre *en holocauste sur cet autel*. Dieu le bénit, ainsi que ses enfants, et leur dit : « Croissez et multipliez-vous, et remplissez la terre. »

Abraham, fils de Tharé, quitte Hur en Chaldée par l'ordre du Seigneur, qui lui dit : « Je ferai sortir de vous un grand peuple, je vous bénirai... et tous les peuples de la terre seront bénis en vous. »

Tout le récit de la Genèse, l'histoire d'Abraham, de Jacob, l'histoire si touchante de Joseph sont pleins de l'intervention divine ; Dieu parle à ses serviteurs, leur renouvelle ses promesses, ils ont foi en lui, ils l'adorent et lui offrent des sacrifices.

Moïse (1) ramène les descendants d'Abraham et de Jacob dans la terre de Chanaan, il leur donne des lois, leur prescrit un culte, qu'ils observeront jusqu'à la fin. Toutefois, on prétend que, ni dans les croyances religieuses de ce peuple, ni dans les préceptes de Moïse et dans le culte qu'il a institué et qu'il a reçu de la divinité, qu'en un mot dans les cinq livres qui composent le *Pentateuque*, il n'est nulle part fait mention du dogme de l'immortalité de l'âme. Ce silence du législateur des Hébreux a été, dit-on, d'autant plus remarqué, qu'il entre dans les détails du culte les plus minutieux, et que le Pentateuque est regardé avec raison comme le code religieux le plus complet qui ait été donné aux hommes.

En revanche, on ajoute que Dieu, par la bouche de Moïse, ne promet aux justes et à ceux qui observeront fidèlement ses commandements d'autres récompenses que des biens temporels, des récoltes abondantes, une nombreuse postérité, des victoires sur les ennemis ; mais il n'est question ni de vie éternelle et heureuse pour les bons, ni de lieu de punition pour les méchants.

---

(1) Moïse naquit l'an 1705 avant Jésus-Christ.

Quelques écrivains, Fleury entre autres, ne veulent pas conclure, du silence de Moïse, que la croyance à la vie future fût tout à fait étrangère au peuple hébreux. Ils font remarquer avec raison que, longtemps avant lui, cette idée avait été exprimée par Jacob, qui, avant de mourir, faisant ses dernières recommandations à ses enfants, leur dit : « Je vais me réunir à mon peuple »; et, après avoir annoncé le Sauveur du monde, dans un saint transport, il s'écrie : *Salutare tuum expectabo, Domine*; J'attendrai, Seigneur, votre salut. Comment ce patriarche pouvait-il espérer d'attendre une autre vie, s'il avait cru que son âme dût être anéantie avec le corps? Fleury cite aussi le cantique de Moïse. Enfin, le législateur des Hébreux parle plusieurs fois du *schéol* où se réunissent les morts, et où pénètre la colère de Dieu. Voyez la punition de Coré, Dathan et Abiron.

On peut citer le témoignage du saint homme Job; on ignore, il est vrai, l'époque où vivait ce patriarche, et la date de son livre a été fort controversée. Quelques-uns ont cru que l'auteur de ces pages sublimes ne pouvait être que Moïse. D'autres l'attribuent avec plus de vraisemblance peut-être à Salomon.

On peut toujours affirmer que cet admirable poëme remonte à une assez haute antiquité. Job, répondant à un de ses visiteurs, dit : « Pourquoi me persécutez-vous comme Dieu, et vous plaisez-vous à vous rassasier de ma chair? Qui m'accordera que mes paroles soient écrites? Qui me donnera qu'elles soient tracées dans un livre; qu'elles soient gravées sur une lame de plomb, ou sur la pierre avec le ciseau? *Car je sais que mon rédempteur est vivant, que je ressusciterai de la terre au dernier jour; que je serai encore revêtu de cette peau, et que je verrai mon Dieu dans ma chair. Que je le verrai, dis-je, moi-même, et non un autre, et que je le contemplerai de mes propres yeux; c'est là l'espérance que j'ai, et qui reposera toujours dans mon cœur* (1). » Il est impossible d'exposer plus clairement le dogme de l'immortalité de l'âme, et le christianisme lui-même n'a rien ajouté à cette splendide affirmation.

Quoi qu'il en soit, on voit cette croyance se répandre davantage et devenir plus populaire chez les Israélites, dans la suite de leur histoire.

David, dans le psaume Ier, fait la comparaison du juste et de l'impie : « Heureux l'homme qui ne s'est point laissé aller à suivre le conseil des impies, qui ne s'est point arrêté dans la voie des pécheurs, mais dont la volonté est attachée à la loi du Seigneur et qui la médite jour et nuit... Toutes les choses qu'il fera auront un heureux succès... Il n'en est pas ainsi des impies, il n'en est pas ainsi, mais ils sont comme la poussière que le vent disperse de dessus la face de la terre. C'est pourquoi *les impies ne ressusciteront point dans le jugement des justes...* et la voie des pécheurs périra. »

Il s'écrie dans un autre psaume : « *Je crois fermement voir un jour les biens du Seigneur dans la terre des vivants !* »

L'idée d'une autre vie n'est pas moins clairement exprimée dans le livre de l'*Ecclésiaste*, attribué à Salomon : « Craignez Dieu, dit ce prince, et observez ses commandements ; car c'est là le tout de l'homme. Et Dieu fera rendre compte en son jugement de toutes les fautes et de tout le bien et le mal qu'on aura faits. »

Le livre de la *Sagesse*, œuvre, dit-on, du même roi, compare aussi le sort des justes et celui des pécheurs. Il y est dit au chapitre v : « Les méchants seront surpris d'étonnement en voyant tout d'un coup, contre leur attente, les justes sauvés. Ils diront en eux-mêmes, étant touchés de regret et jetant des soupirs dans le serre-

---

(1) Livre de Job.

ment de leur cœur : « Ce sont ceux-là qui ont été autrefois l'objet de nos railleries... Insensés que nous étions, leur vie nous paraissait une folie..., et cependant les voilà élevés au rang des enfants de Dieu, et leur partage est avec les saints... Voilà ce que les pécheurs diront dans l'enfer ; parce que l'espérance des méchants est comme la menue paille que le vent emporte, ou comme l'écume légère qui est dispersée par la tempête, ou comme la fumée que le vent dissipe, etc... »

Et ailleurs, chapitre II, en parlant des impies, Salomon dit : « Ils ont ignoré les secrets de Dieu, ils n'ont point cru qu'il y eût de récompense à espérer pour les justes, et ils n'ont fait nul état de la gloire qui est réservée aux âmes saintes, car Dieu a créé *l'homme immortel ;* il l'a fait pour être une image qui lui ressemblât... » Au chapitre III du même livre de la *Sagesse*, nous lisons : « Les âmes des justes sont dans la main de Dieu, et le tourment de la mort ne les touchera pas... S'ils ont souffert devant les hommes, leur espérance est pleine de *l'immortalité qui leur est promise...* »

Enfin, on trouve d'autres preuves de la croyance à la vie future et à l'immortalité de l'âme dans l'histoire des frères Macchabées qui vivaient sous les successeurs d'Alexandre et se couvrirent de gloire en combattant contre ces princes persécuteurs de la nation juive. Lorsque Jérusalem fut prise par le roi Antiochus, il voulut forcer les Juifs à violer la loi de Dieu, et il fit périr dans les supplices ceux qui résistèrent à ses menaces et voulurent rester fidèles à leur religion.

C'est alors qu'eut lieu le martyre d'une mère et de ses sept fils. Le roi leur fit subir les tortures les plus affreuses pour les obliger à renoncer à leur religion ; mais ils restèrent tous fermes dans leur foi, et leur mère, qui les exhortait à tout souffrir plutôt que de violer la loi de Moïse, mourut avec eux. Un d'eux, pendant son supplice, étant près de rendre l'esprit, dit au roi : « Vous nous faites perdre, méchant prince, la vie présente ; mais le roi du monde *nous ressuscitera un jour* à la vie éternelle, après que nous serons morts pour la défense de ses lois. » Le troisième torturé, de la même manière, exprima les mêmes sentiments : « J'ai reçu, dit-il, ces membres du ciel; mais je les sacrifie maintenant pour obéir à Dieu, parce que j'espère qu'il me les rendra un jour. »

On peut voir par ces citations, auxquelles il serait aisé d'en ajouter beaucoup d'autres, que plusieurs écrivains se sont trompés en affirmant que le dogme de l'immortalité de l'âme avait été inconnu du peuple juif et qu'on n'en trouvait aucune trace dans leurs livres sacrés.

Une secte qui avait un certain nombre d'adeptes, sortes de libres-penseurs qui rejetaient les traditions, existait, il est vrai, en Judée quelques années avant Jésus-Christ. C'était celle des Saducéens, qui niaient la résurrection. En revanche, le dogme de la vie future était professé par les Pharisiens, autre secte juive, qui admettait, en outre, que les croyances et les pratiques religieuses consacrées par le temps étaient d'origine divine.

CHAPITRE III

DES RELIGIONS DE L'INDE ET DES CROYANCES DES PEUPLES DE CETTE VASTE CONTRÉE DE L'ASIE AU SUJET DE LA VIE FUTURE

Il paraît hors de doute que l'Egypte ou la vallée du Nil, remarquable par la fertilité de son sol, l'Inde non moins fertile et la Chine, régions très propres à l'établissement de stations humaines, durent être peuplées et cultivées des premières.

On croit généralement que les peuples dits Ariens, d'où seraient venues les nations indo-germaniques, et qui habitaient primitivement la Bactriane, en sortirent à une époque très reculée et envahirent l'Indoustan et la plus grande partie de l'Asie occidentale. Les védas sont les seuls monuments de ces peuples primitifs, et datent probablement du quinzième siècle avant notre ère. La religion de ces conquérants de l'Inde fut d'abord le brahmanisme, et leur gouvernement devint essentiellement théocratique. Les védas, inspirés par Brahma lui-même, disent les brahmanes, donnent les renseignements les plus complets et les plus intéressants sur les mœurs, la philosophie et la religion des Indiens de cette époque. Cette religion, vaste panthéisme, personnifiait toutes les puissances mystérieuses qui dominent le monde, et constituait un polythéisme extrêmement compliqué.

Elle avait pour point fondamental la métempsycose, ou la transmigration des âmes après la mort, croyance qui existait aussi en Égypte, et qui se répandit chez toutes les nations dans l'Asie et plus tard dans les Gaules.

D'après le *Bhavagata* (1), les âmes de tous les êtres animés passent, après la mort, tantôt dans le corps d'un homme, tantôt dans celui d'une bête, quadrupède, oiseau, reptile, poisson, etc.

Les brames n'admettaient qu'une seule âme, de sorte qu'après la mort, celle des hommes peut aussi bien passer dans le corps d'une bête que dans celui d'un autre homme, et, réciproquement, l'âme d'un animal peut habiter indifféremment le corps d'un homme ou d'une autre bête. Pour les hommes, c'est le mérite ou

---

(1) Poëme religieux brahmanique, qui a pour base les védas, les lois de Manou, et paraît remonter à une haute antiquité.

le démérite qui détermine le mode de transmigration. Si l'individu a mené une vie sage et exempte de reproches, son âme sera récompensée, et passera dans le corps d'un homme doué des dons de la fortune et dont la destinée sera heureuse. Dans le cas contraire, si l'homme a été vicieux, il sera condamné à habiter le corps d'un animal immonde, et ce n'est qu'après bien des transmigrations que les uns et les autres rentreront dans le sein de la divinité, dont ils sont émanés; mais, après une période plus ou moins longue, ils seront créés de nouveau par Brahma, et rentreront dans le cercle indéfini d'autres transmigrations.

D'après la doctrine brahmanique, on comprend que les sectateurs de cette religion reculent devant la mort des autres animaux, et que l'usage de la viande dans l'Inde ait été généralement défendu.

Le dogme de la métempsycose et la division par castes caractérisent le brahmanisme. Lui-même avait succédé au chamanisme, religion la plus ancienne de l'Inde et d'une grande partie de l'Asie.

Cinq ou six siècles avant notre ère, le bouddhisme succéda au brahmanisme. Le fondateur de cette nouvelle religion, sorte de réforme des dogmes religieux de Brahma, d'après M. Klaproth et les traditions chinoises, naquit 600 ans avant Jésus-Christ.

C'était une croyance fort ancienne dans l'Inde que les bouddhas paraissent de temps en temps dans le monde pour le salut des âmes. Trois avaient déjà paru, et on en attendait un quatrième lorsque naquit Kakia-Mouni, dans le royaume de Magadha, comprenant des provinces qu'arrose le Gange. Il était fils d'un roi de cette contrée, de la race des Kakia, et d'une vierge Maha-Mai, qui l'avait conçu par l'influence divine. Il était donc une incarnation, selon quelques-uns de ses sectateurs, du souverain des cieux, et surpassait en beauté tous les autres hommes.

Il se maria à 20 ans, pour obéir à ses parents, avec une princesse de la race des Kakia, et en eut un fils et une fille ; mais bientôt la répugnance qu'il avait toujours marquée pour le mariage reprit le dessus ; il abandonna son palais, sa femme, ses enfants, renonça à toute occupation mondaine et aux fonctions de la royauté, pour se livrer, dans la solitude, à des méditations pieuses et à la pénitence. Touché de la misère de ses semblables, il déclara que les quatre degrés de la misère humaine, les peines de la naissance, celles de la vieillesse, de la maladie et de la mort, détruisaient pour lui tous les plaisirs de la vie parce qu'elles étaient inévitables.

Suivi de quelques disciples, il se retira dans un désert du royaume d'Oudipa, et y demeura six années, se soumettant pendant tout ce temps aux épreuves les plus dures et en triomphant d'une manière miraculeuse.

Le génie qui lui donnait ses enseignements au prix des souffrances les plus cruelles lui communiqua les maximes fondamentales de toute morale : 1º de ne pas tuer ; 2º de ne pas voler ; 3º d'être chaste ; 4º de ne pas porter de faux témoignage ; 5º de ne pas mentir ; 6º de ne pas jurer ; 7º d'éviter toute impureté ; 8º d'être désintéressé ; 9º de ne pas se venger ; 10º de ne s'adonner à aucune superstition.

Les brahmanes de l'Inde et les adorateurs du feu de la Perse se soulevèrent contre ces nouvelles doctrines ; mais, dans une grande fête donnée à Bénares, les quinze premiers jours de l'année, Kakia-Mouni confondit tous ses adversaires par son éloquence et la force de ses raisonnements. Il reçut leurs adorations et fut reconnu bouddha ou homme de Dieu.

Il vécut jusqu'à 80 ans. Quelques jours avant sa mort, il annonça que sa doctrine existerait pendant cinq mille ans ; mais qu'il viendrait un autre homme-Dieu, qui serait le précepteur du genre humain, que sa propre religion serait persécutée dans l'Inde, et qu'elle trouverait un asile dans les montagnes du Thibet, prédictions qui se réalisèrent quelque temps après. En revanche, peu avant la naissance de Jésus-Christ, le bouddhisme se répandit dans l'Asie centrale, dans la Bactriane, au premier siècle de notre ère, dans la Chine; au quatrième siècle, dans la Chorée, et au cinquième dans le Thibet, où il ne s'établit toutefois définitivement qu'en 632 ; il civilisa les habitants de cette contrée, qui étaient anthropophages, comme tous les peuples sauvages du globe. Enfin, il s'introduisit dans la Mongolie, dans l'Indo-Chine; au sixième siècle, au Japon. Il règne encore en dominateur dans toutes ces régions, et ne compte pas moins de deux cents millions de sectateurs. L'Inde seule, après avoir expulsé les bouddhistes, est restée fidèle au brahmanisme, qui, avec le mahométisme, se partage les croyances religieuses de cette grande presqu'île.

Kakia-Mouni a composé de nombreux ouvrages; avec les commentaires de ses disciples, ils forment deux cent trente-deux volumes, et constituent la charge de plusieurs chameaux.

Le bouddhisme, qui empruntait à la religion de Brahma le dogme de la métempsycose, en différait sous d'autres rapports, et constituait une véritable réforme de cette antique religion. Il rejetait, en effet, l'autorité des védas, abolissait la division par castes qui maintenait les classes inférieures dans une inégalité, une misère et une abjection irrémédiables; il inspirait au contraire à ses sectateurs une grande compassion pour les misères humaines, prescrivait la charité, faisait un précepte de l'aumône, etc., permettait pour nourriture la chair des animaux, etc. Enfin, au lieu de la doctrine désespérante du brahmanisme au sujet de la transmigration des âmes, il apportait aux malheureux le dogme consolant du *nirvana*, c'est-à-dire qu'après un certain nombre de transmigrations, nécessaires pour purifier les âmes et leur faire expier leurs fautes passées, il les admettait dans le nirvana, état de béatitude parfaite qui devait durer éternellement, et les dispensait de toute autre transmigration.

Le brahmanisme, au contraire, n'accordait l'absorption dans Brahma qu'aux âmes les plus sublimes par leur science et par leurs vertus. Cet état même, nous l'avons vu, était temporaire, et, comme Brahma, dans ce vaste panthéisme, était confondu avec le monde matériel, il en résultait que la transmigration en réalité ne cessait pas, et que toutes les âmes étaient entraînées dans un cercle sans fin de vies successives, et n'étaient affranchies ni de la misère, ni des maladies, ni des maux sans nombre attachés à la pauvre humanité.

En résumé, le bouddhisme, qui n'admet pas de Dieu créateur, est, aux différences près que nous avons signalées, un vaste panthéisme, compliqué de polythéisme, et qui a pour base la métempsycose ou les métamorphoses successives « des êtres » les uns dans les autres.

Bouddha comprend tous les êtres dans six classes : 1º les habitants des enfers ; 2º les démons ; 3º les brutes ; 4º les génies ; 5º les hommes et les dieux.

Il y a, selon lui, plusieurs mondes : 1º le dansara : c'est le monde matériel, tel que nous le voyons, et dans lequel tournent par la métempsycose tous les êtres animés ; 2º le nirvana ou l'immatériel absolu : c'est l'état parfait auquel les hommes peuvent aspirer par la pratique de la vertu, et c'est de là que viennent les bouddhas, ou les hommes de Dieu, pour instruire les hommes et les préparer à cette nouvelle vie ; 3º le sounya, état parfait de l'âme, existence véritable, l'opposé de l'existence actuelle, représentée par l'union d'un corps et d'une âme ; c'est sans doute l'état des génies, des dieux secondaires.

Enfin, il y a le pradjana, qui n'est autre que le passage de l'état de sounya ou d'intelligence parfaite à la forme humaine qui est propre aux bouddhas; on parvient à cet état par la pratique des six perfections que prescrit le bouddhisme, à savoir : l'aumône, la vertu, la science, le courage, la patience et la charité.

La transmigration des âmes après la mort et le passage plus ou moins indéfini dans le corps d'autres êtres animés, ou le dogme de la métempsycose, constituent donc le fond de presque toutes les religions de l'Asie.

Le philosophe Pythagore, qui avait voyagé dans l'Inde, l'apporta dans la grande Grèce; on trouve des traces de cette croyance dans la mythologie grecque, et les poètes s'en emparèrent, comme nous le verrons plus loin, entre autres, Virgile, Ovide dans ses *Métamorphoses*, etc.

Ce dogme de la vie future, si enraciné chez les peuples asiatiques, a trouvé même depuis l'établissement du christianisme dans l'Occident un certain nombre d'adeptes; de nos jours, les spirites l'ont renouvelé, et deux grands philosophes ont exposé cette doctrine, en la dépouillant de ce qu'elle avait de grossier et de peu vraisemblable, j'ai nommé Pierre Leroux, dans son livre *De l'Humanité*, et Jean Raynaud, dans son ouvrage très remarquable dont nous rendrons compte plus loin et intitulé *Terre et Ciel*.

CHAPITRE IV

DOGME DE LA VIE FUTURE CHEZ LES CHINOIS

S'il faut en croire le Père Amiot, la religion patriarcale ou la croyance à un être suprême, sans mention d'une vie future, aurait été la religion des anciens Chinois; mais il est probable qu'elle ne doit être attribuée qu'aux classes supérieures et aux empereurs qui se succédèrent depuis les premiers descendants de Noé, lesquels formèrent la colonie qui alla peupler la Chine. Le peuple de ce vaste pays, comme celui des autres régions de l'Asie, devait, à cette époque, professer le chamanisme ou l'idolâtrie.

Quoi qu'il en soit, on ne voit dans ces cultes primitifs aucune trace de croyance à la vie future. Le monument religieux le plus ancien chez les Chinois, c'est le *Livre des Transformations*, Y-King, qui date probablement de l'an 1200 avant l'ère chrétienne, ouvrage de philosophie attribué à Fouhi, fondateur de la monarchie chinoise. On y expose une métaphysique des nombres analogue au système de Pythagore ; mais, quoique l'auteur y fasse la distinction du corps et d'un principe immatériel, il n'y a rien qui indique la croyance à un Dieu créateur de l'univers et à l'immortalité de l'âme ; c'est plutôt un vaste naturalisme.

Le sixième siècle avant notre ère vit paraître en Chine deux grands philosophes, dont les doctrines firent de nombreux prosélytes. Ce sont Laotsé ou Laotseu, et Confucius, mieux Confutzée.

La doctrine du premier est un panthéisme absolu, du genre de celui de Spinosa. Il n'y a qu'un grand être, une grande unité, principe et fin de tous les êtres ; la personnalité humaine n'est qu'un mode inférieur, passager et contingent de ce grand être..., etc. Laotseu reconnaît d'ailleurs dans l'homme deux éléments, l'un matériel, l'autre igné ; mais, malgré cette distinction, il ne parle pas de la destinée du principe immatériel, ou de l'âme après la mort. Ses idées ont quelque analogie avec celles des stoïciens ; sous d'autres rapports, elles se rapprochent de celles d'Épicure. Laotseu mourut dans un âge très avancé. Le principal ouvrage qu'il ait laissé à ses disciples est le *Tao*, ou le livre de la raison suprême. Il contient cinq mille sentences. Sa doctrine, chez ses disciples, dégénéra en polythéisme et en idolâtrie. Elle admettait l'existence des génies et des démons. Les prêtres et les prêtresses de ce culte, voués au célibat, portent le nom de Taossé. C'est la religion des esprits, une des plus répandues en Chine.

Confucius ou Confutzée vivait au cinquième siècle avant l'ère chrétienne ; un des cinq livres canoniques des Chinois, le *Chouking*, est son œuvre ; il contient les annales de l'empire depuis l'empereur Yao, 2355 avant Jésus-Christ, jusqu'à l'an 624. Outre les faits principaux des dynasties qui se sont succédé, il contient surtout les discours et les maximes des grands hommes de chaque règne. Confutzée est le chef de l'école philosophique des *lettrés*, qui forment une hiérarchie depuis les dernières fonctions jusqu'aux dignités les plus élevées, où on ne parvient qu'après avoir subi des examens plus ou moins sévères. Le système philosophique de Confutzée est d'ailleurs un vaste naturalisme ; il s'est occupé surtout de la morale et du perfectionnement de l'homme, et il a négligé les questions spéculatives, qu'il regardait la plupart comme inaccessibles à la raison humaine.

Il reconnaît cependant un être suprême, auquel il donne le nom de *Ciel*, et qui est la source de toute puissance, de toute bonté, de toute justice ; mais sa morale n'a pas de sanction, car la vie future, ou la récompense des bons et la punition des méchants après la mort, n'est pas mentionnée dans ses livres.

Confutzée mourut à l'âge de 73 ans.

C'est de l'Inde que devait se répandre en Chine le dogme de la métempsycose, qui faisait le fond de la religion de Brahma et de Bouddha. Cette religion y fut importée par les disciples de Fo, qui vivait 500 ans avant Pythagore. Il était né dans le midi de l'Indoustan, et son père était roi. Sa doctrine se répandit en Chine avec la plus grande rapidité, il y fut honoré comme un dieu. Ses disciples formèrent un grand nombre de sectes. Les unes ne reconnaissent pas de divinité, et il n'y a pas pour elles de vie future ; nous sortons du néant et nous retournons au néant. D'autres admettent la distinction du bien et du mal, et croient qu'après la mort il y aura des châtiments pour les méchants et des récompenses pour les bons ; ces derniers prescrivent l'observation des cinq préceptes : 1º de ne tuer aucune créature vivante ; 2º de ne pas prendre le bien d'autrui ; 3º de ne se souiller par aucune impureté ; 4º de ne pas mentir ; 5º de ne pas boire du vin. Suivant eux, le dieu Fo est venu sur la terre pour sauver les hommes, et c'est par lui que les péchés sont expiés ; les plus dégoûtantes métamorphoses seront la punition de ceux qui n'observent pas les préceptes. Ils renaîtront sous la forme d'un chien, d'un rat, d'un serpent, d'un cheval, d'un mulet. Les bonzes sont les prêtres de cette religion, ils sont très nombreux, et leurs temples portent le nom de Miao.

A ces trois religions, qui, accompagnées d'une foule de superstitions populaires, se partagent la Chine, il faut ajouter le mahométisme importé par les Arabes ; la religion juive, professée par un certain nombre d'habitants, et qui est due aux immigrations des Juifs qui ont eu lieu à plusieurs époques, et enfin le christianisme prêché par les missionnaires.

Le bouddhisme chassé de l'Inde par les brames, où leur religion a réussi à se maintenir, règne en souverain dans d'autres vastes contrées de l'Asie, dont quelques-unes sont tributaires de l'Empire chinois ; telles sont le Thibet, la Mongolie, la Mantchourie, l'Indo-Chine, le Japon, la Corée, etc.

C'est à Lassa, capitale du Thibet, que siège le grand lama, dont l'autorité spirituelle s'étend sur tous les États de l'Asie où domine la religion de Bouddha. Il est censé immortel. Il est remplacé en effet immédiatement par un autre grand lama dans lequel il doit avoir transmigré. Les temples bouddhiques sont nombreux au Thibet, et sont annexés aux Lamaséries, sortes de couvents dont les religieux portent le nom de Lamas.

La religion de la Mongolie est aussi le bouddhisme. Ces peuples dépendent spirituellement du Tale-Lama de Lassa.

Il y a au Japon deux religions principales, celle de Sinto ou Sinsion, et celle de Boutso, ou plutôt de Bouddha.

La première reconnaît un être suprême, mais qui ne s'occupe pas des affaires des mortels; au-dessous de lui sont des divinités secondaires qui jouent le rôle de médiatrices.

Les sectateurs de cette religion croient à la vie future. Les amis des hommes vertueux occupent des régions lumineuses, voisines de l'Empyrée, tandis que les âmes des méchants errent vaguement dans les airs, jusqu'à ce qu'elles aient expié leurs fautes.

Ils ont des temples, entourés de galeries, où le peuple se rassemble. Il n'y a d'ailleurs aucune idole, aucune représentation de l'être suprême. Au centre du temple, on voit seulement un grand miroir de métal, sorte de meuble symbolique qui rappelle que, de même que les difformités du corps se peignent dans la glace, de même aussi les mauvaises actions se rendent visibles aux yeux du souverain Maître. Quoique le dogme de la métempsycose ne paraisse pas faire partie de cette religion, ses sectateurs s'abstiennent de viande et reculent devant l'effusion du sang.

L'autre religion est, comme nous l'avons dit, celle de Bouddha, venue de l'Inde vers le sixième siècle de notre ère. Elle admet la transmigration des âmes. Les méchants vont en enfer, où il y a le pont des âmes, des abîmes d'eau et de feu ; les bons vont dans le paradis, qui est gouverné par le dieu Amida, lieu de délices où ils jouiront d'un bonheur infini.

Les habitants de l'île de Ceylan professent aussi le bouddhisme, et il en est de même des peuples de la Birmanie. Au huitième siècle avant Jésus-Christ, ils adoraient un grand éléphant blanc, qui était censé rendre des oracles. Depuis, la religion de Bouddha a été importée dans le pays, et, comme les nations que nous venons de passer en revue, ils croient fermement à la métempsycose. On peut en dire autant des Siamois, des habitants du Tonkin, de la Cochinchine, du royaume d'Annam. Leurs prêtres, comme ceux de la Birmanie, portent le nom de Talapoins. Leur culte est d'ailleurs mêlé d'une foule de superstitions locales. Il est aisé de voir, d'après ce rapide aperçu, que la religion de Bouddha, qui compte près de deux cents millions de sectateurs, est une des plus répandues du globe.

CHAPITRE V

LA RELIGION ET LA VIE FUTURE CHEZ LES PERSANS. LES MAGES. — ZOROASTRE : LE « ZENDAVESTA ».

La religion la plus ancienne des Perses paraît avoir été, comme chez d'autres peuples des temps primitifs, l'adoration des forces de la nature : le feu, l'eau, la terre, l'air, les vents, les astres, le soleil, la lune, les fleuves. Ils n'avaient point de temples, ils se contentaient d'immoler des animaux sur les lieux élevés.

C'est un prophète, nommé Hom, qui remplaça cette religion si simple par celle des Mages ou le magisme. Les Mages, sorte de prêtres ou de prophètes, formaient une classe savante, lettrée ; ils étaient ministres des rois, dirigeaient les affaires, rendaient la justice ; comme en

Egypte et dans l'Inde aux époques les plus reculées, ils donnaient au gouvernement la forme théocratique.

Zoroastre, un de ces Mages, ou un autre prophète inspiré, donna aux Persans un nouveau code religieux, le *Zend-Avesta*, ou parole vivante, qui fait partie des livres *zends* (1), et qu'il avait reçue du ciel. Zoroastre reconnaît un être suprême, incréé, sans bornes, éminemment puissant, éminemment saint, qui anime toute chose.

C'est l'être éternel qui a tout créé ; de lui ont émané le bon et le mauvais principe. Le premier est Ormuzd, sagesse et bonté infinie, science, raison de tout ; l'autre est Ahriman, qui était bon à l'origine, mais qui, par envie, par orgueil, est devenu le principe du mal, la source de tous les vices, de toutes les mauvaises passions. Le monde est le produit de ces deux principes. C'est ainsi que les Mages expliquaient le bien et le mal, qui se font équilibre sur cette terre, où chaque chose a son contraire.

La mort et la maladie ont été introduites par Ahriman, à l'occasion du péché du premier homme. Dès qu'un homme meurt, les devs, mauvais anges, suscités par Ahriman, cherchent à s'emparer de son âme ; mais, si elle a pratiqué la vertu, elle est défendue par les izeds, ou bons anges ; elle est jugée ensuite par Ormuzd ou par son assesseur Bahman, et conduite au delà du pont de Tchinevad, dans une terre où elle jouira d'un bonheur infini. Si cette âme a encore quelques souillures, elle reste en deçà du pont, et a à subir quelque temps d'expiation.

On peut voir que cette idée d'une expiation temporaire, qui fait partie des religions de Brahma et de Bouddha, une sorte de purgatoire, se retrouve aussi

---

(1) Traduits par Anquetil-Duperron.

dans le code religieux de Zoroastre. Elle est donc bien ancienne, et la religion du Christ l'a adoptée à son tour.

Il viendra un temps où les bons et les méchants ressusciteront et reprendront leurs corps ; les méchants et Ahriman, l'auteur du mal, avec eux seront précipités dans les abîmes. La terre en même temps sera agitée de tremblements, les montagnes vomiront des torrents de feu, les âmes seront purifiées par ces flots brûlants, et il y aura un nouveau ciel et une nouvelle nature. Ahriman et les méchants repentants de leur faute seront justifiés, et tout rentrera dans l'ordre. Alors le principe du bien, ou Ormuzd, n'aura plus de rival et régnera sans partage.

Si à ces dogmes de la religion des Mages on ajoute le précepte de la prière, qui devait être continuelle et pour laquelle ils se relevaient, car l'interruption devait, selon eux, amener la fin du monde ; l'adoration d'un Dieu suprême et celle d'Ormuzd, le principe du bien, le feu immatériel ; l'érection partout de temples en son honneur, où la foi en Zoroastre, son prophète et son législateur, on aura une idée de la religion des Mages, qui, mêlée plus tard à d'autres croyances et plus ou moins altérée, régna en Perse jusqu'à l'avènement du christianisme. Elle fut définitivement détruite par l'invasion mahométane, qui, sous Ali, lieutenant de Mahomet, la remplaça par la prédication du Koran.

La personnalité de Zoroastre, comme on pouvait s'y attendre, a été entourée de surnaturel ; après avoir donné la parole de vie, ou le *Zend-Avesta*, il descendit aux enfers, et se retira ensuite sur une montagne pour se livrer exclusivement à la méditation et à la prière.

On ne manquera pas de remarquer dans la religion des Mages le dogme de la fin du monde causée par un embrasement général, opinion analogue à celle des Stoïciens et qui est aussi dans la tradition chrétienne.

CHAPITRE VI

DU DOGME DE L'IMMORTALITÉ DE L'AME CHEZ LES ÉGYPTIENS

Ce que nous avons dit de la vallée du Gange, des vastes plaines de la Mésopotamie, où s'élevèrent, dans la plus haute antiquité, les villes de Ninive et de Babylone, peut s'appliquer aussi à la vallée du Nil, qui n'était pas moins bien disposée pour devenir, grâce à la fertilité du terroir, une des premières stations humaines.

D'après le récit de la Bible, les enfants du patriarche Noé se dispersèrent après le déluge : Sem resta en Asie, Japhet s'établit en Europe et Cham alla peupler l'Afrique et devint la souche des nations qui peuplèrent l'Egypte.

Quelle était la religion de ces peuples primitifs ? De même que les patriarches dont ils étaient issus, ils avaient conservé sans doute la notion plus ou moins vague d'un être suprême et ils avaient peut-être une idée confuse de la vie future.

Le gouvernement de l'Egypte, qui était théocratique dans les âges les plus anciens, comme chez les Israélites, devint ensuite monarchique et despotique sous les Pharaons. La religion joua d'ailleurs toujours un grand rôle chez les Egyptiens, et elle était associée à tous les actes de la vie privée et publique.

On a trouvé dans le Ramesseum de Karnac la salle de la bibliothèque. Il y avait beaucoup de livres religieux, entre autres le *Rituel funéraire* ou *Livre de la manifestation à la lumière*, qui contient l'exposé des croyances égyptiennes sur les destinées de l'âme après la mort ; le *Livre des migrations*, où sont reproduites les mêmes idées sous une forme plus abrégée.

L'âme, après la séparation d'avec le corps, comparait devant Osiris et devant les quarante-deux juges de l'enfer pour subir un jugement ; elle présente elle-même sa défense, et, si elle est condamnée, elle est livrée aux souffrances d'une seconde vie.

Lorsque l'individu meurt de nouveau, son âme est anéantie et entre dans le néant. Si, au contraire, elle est absoute, elle a à subir d'autres épreuves, qui ont pour but de la purifier entièrement, et alors elle s'absorbe dans la divinité.

On voit que l'éternité des peines ne faisait pas plus partie des dogmes religieux de l'antique Egypte que de ceux des nations asiatiques que nous venons de passer en revue, et que la métempsycose, venue probablement de l'Inde, constituait le fond de leurs croyances religieuses.

Les prêtres égyptiens avaient, on ne peut en douter, la connaissance d'un Dieu unique, qui a tout créé et qui est lui-même incréé, unique en sa substance et triple en sa personne : le père, le fils, la mère. D'autres superstitions se mêlaient à cette croyance. Ainsi les dieux secondaires étaient assimilés aux astres : il y eut le dieu Soleil, Isis, déesse personnifiée par la lune. On crut aussi à diverses incarnations des dieux sur la terre. Ainsi, on regarda comme animaux sacrés le bœuf, le crocodile, le bouc, le chien, l'ibis, et on leur offrit un culte. Toutefois, le plus répandu fut celui du bœuf Apis, réputé l'âme d'Osiris et dont le sanctuaire était à Memphis. A la mort de cet animal, l'Egypte prenait le deuil, et on l'ensevelissait en grande pompe, au Sérapéum, près de Memphis.

CHAPITRE VII

L'IDÉE DE L'IMMORTALITÉ DE L'AME CHEZ LES PEUPLES DE LA GRÈCE

Dans les siècles les plus anciens, les habitants de la péninsule hellénique étaient à l'état de barbarie. Semblables aux animaux, ils habitaient dans des antres, se nourrissaient d'aliments grossiers et se faisaient des guerres continuelles. Comme cela a lieu chez les peuples sauvages de l'intérieur de l'Afrique, l'anthropophagie était en honneur, et les vainqueurs dévoraient les vaincus.

Ce furent des colonies égyptiennes qui apportèrent dans ces contrées sauvages les premiers germes de la civilisation. Inachus et Phoronée, son fils, furent les premiers émigrants égyptiens. L'Argolide et les régions voisines se peuplèrent et changèrent de face. Trois siècles après vinrent encore d'Egypte Cécrops, Cadmus et Danaüs. Le premier aborda dans l'Attique, Cadmus s'établit dans la Béotie, et Danaüs conduisit une nouvelle colonie dans l'Argolide.

Les anciens habitants de la Grèce avaient une religion informe et adoraient vaguement les forces de la nature. Les colonies égyptiennes y apportèrent les divinités qui étaient adorées en Egypte, en Phénicie, en Lybie. Argos fut consacré à Junon, Athènes à Minerve, Thèbes à Bacchus. Des temples s'élevèrent partout. L'imagination des habitants de la Grèce, surexcitée par la beauté du climat, par l'aspect riant de ses campagnes, par la découpure gracieuse de ses rivages, par les mers qui l'entouraient, parsemées d'îles nombreuses plus ou moins fertiles, et par la douceur de la température, qui parait partout la terre de verdure et de fleurs; l'imagination, disons-nous, de ces peuples donna lieu à cette mythologie si compliquée, à ces fables ingénieuses qui, tout en reconnaissant un maître suprême, roi de ce vaste univers, admettait une foule de dieux secondaires, qui n'étaient autres que les personnifications de toutes les forces et de toutes les propriétés de la nature. Ainsi Neptune fut le dieu de la mer; Pluton, celui des enfers; Jupiter, le maître des cieux: tous les trois étaient fils de Saturne, né du commerce de la terre et du ciel; Apollon et les neuf muses présidaient aux arts et à la poésie; Vénus était la déesse de la beauté; Mars, le dieu de la guerre ; Bacchus, celui du vin ; Vulcain, le dieu de l'industrie; Esculape, celui de la médecine. Iris, la messagère des dieux, marquait les traces de son passage par l'arc-en-ciel qui paraît après les orages. Une autre déesse ouvrait le matin les portes de l'Orient et précédait le soleil, c'était l'Aurore. Hébé, qui servait le nectar aux dieux, était la déesse de la jeunesse. Les Parques présidaient à la mort ; une d'elles, Clotho, avec ses ciseaux, coupait le fil de la destinée de chacun. Jupiter, le plus grand et le plus puissant de toutes les divinités, avait l'empire sur tout ce qui existe. Il assemblait les autres dieux autour de son trône, et discutait avec eux les intérêts des mortels. Ses arrêts étaient sans appel, et toutes les créatures et même les autres dieux lui obéissaient.

Quant au dogme de l'immortalité de l'âme, apporté par les colonies égyptiennes, il était généralement admis par les Grecs. Selon eux et selon Homère, l'âme était double de sa nature; la partie purement spirituelle était associée à une âme sensitive, matière lumineuse et subtile, image fidèle du corps sur lequel elle était moulée. Ces deux âmes sont étroitement unies pendant la vie, mais elles se séparent à la mort. L'âme pur esprit monte dans les cieux; l'autre, sous la conduite de Mercure, se rend aux extrémités de la terre, où sont les enfers, le trône de Pluton et le tribunal présidé par Minos; elle entend l'arrêt redoutable, et, suivant qu'elle a bien ou mal vécu, elle va aux champs Élysées ou elle est précipitée dans le Tartare.

Une paix profonde, un climat délicieux, un air toujours serein, exempt d'orages et de tempêtes, une satisfaction que rien ne peut égaler : tel est le partage des justes après leur mort.

En revanche, le Tartare est le séjour des pleurs et du

désespoir; les coupables y subissent les supplices les plus cruels : Prométhée attaché sur un rocher pour avoir tenté de ravir le feu du ciel, a le foie rongé par un vautour; Ixion tourne sans fin une roue; Sisyphe soulève éternellement un roc énorme qui retombe sans cesse; Tantale, mourant de faim, voit autour de lui des fruits délicieux que ses lèvres ne peuvent saisir; les Danaïdes sont condamnées à remplir d'eau un tonneau qui se vide continuellement.

Au dogme de l'existence des dieux, à celui de l'immortalité de l'âme et des peines et des récompenses de l'autre vie, les peuples de la Grèce joignaient une foule de pratiques dévotes, des prières, des sacrifices, des processions, des fêtes religieuses, etc. La croyance aux devins, aux oracles était générale. C'était surtout l'oracle de Delphes qu'on allait consulter, et les personnages les plus éclairés y ajoutaient une foi complète.

C'est en lisant les ouvrages d'Homère et d'Hésiode qu'on peut se faire une idée de cette multitude de dieux qu'admettait la mythologie grecque. Ces dieux n'étaient pas d'ailleurs inactifs ; on les voit intervenir sans cesse dans les intérêts ou les affaires des mortels, protégeant les uns, prenant parti contre les autres, assistant à leurs combats et décidant la victoire par leur action surnaturelle.

La descente d'Ulysse aux enfers dans l'*Odyssée* et la description que fait Homère du séjour des âmes n'ont rien de séduisant. Ce sont des ombres, des fantômes qui peuplent ce noir séjour, où l'Achéron, le Phlégéthon et le Corythe mêlent leurs ondes. Ulysse voit sa mère. Il veut la serrer dans ses bras : « Trois fois je m'efforçai de l'embrasser, elle échappe trois fois à mes embrassements, semblable à une vapeur ou à un songe; ma douleur redouble. O ma mère, m'écriai-je, pourquoi te dérober à ma tendresse ? Que ne puis-je te serrer contre

mon sein et pleurer avec toi ! N'est-ce pas un fantôme
que Proserpine me présente pour redoubler ma douleur
et mes sanglots ? — O mon fils, ô le plus malheureux
des mortels, ce n'est point Proserpine qui se joue de toi;
tu vois ce qu'éprouvent tous les humains que la mort a
frappés. Plus de nerfs pour soutenir les chairs et les os,
le feu les a consumés. Quand l'homme a cessé de respirer, son âme s'envole comme un songe (1). »

On peut voir, d'après ces lignes que nous venons de
citer, que les notions d'une vie future étaient fort confuses du temps d'Homère; les ombres dont ce grand
poëte peuple les enfers n'ont qu'une forme indécise et
rappellent à peine le souvenir de la vie.

Pythagore, né à Samos, voyagea en Egypte, probablement aussi dans l'Inde, et rapporta de ces contrées dans
sa patrie le dogme de la métempsycose. Il s'établit à
Crotone, y fonda une école, et eut bientôt de nombreux
disciples. Il leur faisait subir un noviciat de silence de
deux ans pour les uns et de cinq ans pour les autres.
Il enseignait l'unité de Dieu et soutenait que le but de la
vie était de ressembler autant que possible à cet être
suprême, maître de la vie et de la mort, créateur de
toutes choses, et dont les perfections sont infinies. Ses
idées sur la transmigration des âmes après la mort
étaient d'ailleurs les mêmes que celles des sectateurs
de Brahma. Les âmes passaient, par une série de transformations, dans le corps les unes des autres, et, quant
à lui, il croyait se souvenir qu'il avait été autrefois
Aethalide, fils de Mercure, puis Euphorbe, ensuite Her-
motime, Pyrrhus, et enfin Pythagore. Toutefois, ces
idées de la métempsycose ne furent pas admises généralement dans la péninsule hellénique, le peuple conserva
ses anciennes croyances au sujet de la vie future; les

---

(1) *Odyssée*, chant ii.

peines du Tartare pour les méchants, les champs Elysées pour les âmes des justes, en un mot toutes les fables que l'imagination des poëtes avait créées ou embellies et dont les beaux vers étaient populaires, furent crues plus ou moins vaguement.

Pour avoir des notions plus justes et une affirmation convaincue de l'immortalité de l'âme, il faut arriver à Socrate et à Platon. Socrate est, en effet, le philosophe de l'antiquité qui a affirmé avec le plus d'énergie l'existence de Dieu et la croyance à une vie future. C'est dans le dialogue de Platon intitulé *le Phédon*, du nom d'un des disciples du philosophe, que se trouve développée avec une conviction qui émeut jusqu'aux larmes lorsqu'on pense que le grand homme va mourir, la démonstration admirable de l'immortalité, ou cette foi inébranlable à la destinée de l'homme après la mort, destinée qui, exprimée plus ou moins vaguement ou d'une manière plus ou moins confuse, n'est pas moins la croyance universelle du genre humain.

Ce dialogue a lieu entre Echécrates et Phédon, amis et disciples de Socrate, qui se rencontrent à Phliunc, ville de la Sicyonie. Sur la prière de son ami qui était absent, Phédon lui raconte en détail ce qui s'est passé la veille de la mort du philosophe et les derniers discours qu'il a prononcés.

« Ce spectacle, dit-il en commençant ce récit, fit sur moi une impression extraordinaire ; je n'éprouvai pas la compassion qu'il était naturel d'éprouver à la mort d'un ami.

« Au contraire, Echécrates, cet ami me paraissait heureux à le voir, à l'entendre, tant il mourut avec assurance et dignité !

« Je pensais qu'il ne sortait de ce monde que sous la protection des dieux, qui lui destinaient dans l'autre monde une félicité aussi grande que celle dont puisse jouir un mortel.

« C'était en moi un mélange extraordinaire, jusqu'alors inconnu, de plaisir et de douleur, lorsque je venais à penser que, dans un moment, cet homme admirable allait nous quitter pour toujours. On nous voyait tous tantôt sourire, tantôt fondre en larmes.

« Le matin du jour où devait avoir lieu la mort de Socrate nous étions réunis, nous, ses disciples, plus tôt que de coutume devant sa prison pour ne pas perdre une heure de sa vie et de sa pensée. Le geôlier, en nous ouvrant les portes, nous pria d'attendre un peu parce qu'on ôte en ce moment les fers du prisonnier. Cette opération faite, nous sommes introduits.

« Xanthippe, son épouse, tenant son plus jeune enfant dans ses bras et toute en larmes, est auprès de lui. Un des disciples est chargé de la reconduire à la maison pour lui épargner l'émotion de ces derniers moments.

« Après son départ, l'entretien s'engage sur la question du suicide pour l'homme fatigué de la vie (1). »

Socrate n'a pas de peine à démontrer que l'homme ne doit pas sortir de la vie avant que Dieu lui envoie un ordre formel d'en sortir, comme celui qu'il reçoit lui-même aujourd'hui.

Il espère fortement une destinée réservée aux hommes après la mort, destinée qui, selon la foi antique et universelle du genre humain, doit être meilleure pour les bons que pour les méchants. Après une interruption de Criton, il ajoute :

« Il est temps que je vous rende compte, à vous qui êtes mes juges, des motifs de mon espérance.

« La mort est-elle autre chose que la séparation de l'âme du corps, de manière qu'après cette séparation, l'âme demeure seule d'un côté, le corps de l'autre ; et ne pensez-vous pas que l'objet des soins d'un philoso-

(1) *Le Phédon.*

phe ne doit pas être son corps périssable ; mais qu'il doit, au contraire, s'en affranchir autant que possible et s'occuper uniquement de son âme ?

« Et les sens de ce corps qui nous trompent ne sont-ils pas un obstacle à la vérité ? Et n'est-ce pas toujours par l'acte de la pensée que la vérité se manifeste à l'âme ?

« Et l'âme ne pense-t-elle pas plus clairement et plus fortement que jamais, quand elle n'est troublée ni par la vue, ni par l'ouïe, ni par la volupté des sensations, et lorsque, concentrée en elle-même et dégagée autant que possible de son commerce avec le corps, elle s'applique directement à ce qui est pour le connaître ?

« Et les choses abstraites qui ne sont pas du domaine des sens, par exemple, le sentiment du juste, du bien, du beau, est-ce par l'intermédiaire du corps que vous le percevez, et ne le percevez-vous pas d'autant plus clairement que vous y pensez davantage ?

« Eh bien ! y a-t-il rien de plus logique que de penser avec la pensée seule, dégagée de tout élément étranger et corporel ?

« Si l'on peut parvenir jamais à connaître l'essence des choses, n'est-ce pas par ce moyen ? Or, que fait la mort, sinon de rendre l'âme à elle-même ?

« Et l'homme, après avoir purifié son âme, c'est-à-dire après l'avoir autant que possible affranchie des sens comme d'une chaîne, n'en sera-t-il pas plus libre pour les choses spirituelles ?

« Et n'est-ce pas le but de toute philosophie ?

« Et si, au moment de cette purification, cet affranchissement que tout philosophe doit désirer par-dessus tout lui arrive par une mort du corps ordonnée par Dieu, ne serait-ce pas une risible contradiction à lui de la repousser avec effroi et avec colère ? Et toutes les fois que vous verrez un homme se lamenter et reculer quand il faudra mourir, ne pensez-vous pas que c'est une preuve que cet homme n'aime pas la sagesse, mais qu'il aime son corps et tout ce qui est du corps, l'argent, les honneurs, ou ces deux choses à la fois?...

« Voilà, mes amis, ce que j'avais à vous dire pour me justifier auprès de vous de ce que je ne m'afflige pas de vous quitter, vous et les modèles de ce monde, dans la confiance que je vais trouver d'autres amis et d'autres modèles dans l'autre monde, et c'est là ce que le vulgaire ne peut concevoir; mais j'espère avoir mieux réussi auprès de vous qu'auprès de mes juges d'Athènes. »

Cébès lui confie ses doutes sur l'immortalité de l'âme, il croit qu'en quittant le corps, elle cesse d'exister, qu'elle se dissipe comme une vapeur et qu'elle ne laisse pas de traces; Socrate cherche à le convaincre du contraire, en lui disant que chaque chose dans l'ordre de la nature a son contraire; que la mort n'est pas une négation absolue, qu'elle doit avoir aussi son contraire, c'est-à-dire la vie; il expose ensuite son système, qui est tout spiritualiste, et il combat plusieurs siècles à l'avance le grand argument des matérialistes du dix-huitième siècle, que rien ne vient à l'esprit que par les sens.

Avant d'être unie aux sens par sa naissance sur cette terre, l'âme, qui n'est que la faculté d'idéaliser, et qui ne peut être regardée comme indépendante des idées qu'elle conçoit, a conçu en Dieu certaines idées primordiales qui sont le type, l'essence, l'exemplaire divin de tout ce qui est ou doit être. Ce sont les idées innées, les révélations préexistantes à toute révélation des sens; c'est en vertu de ces idées typiques, coexistantes avec l'âme et préexistantes à nos sens, que nous portons en nous les notions innées du bien, du beau, des qualités, des vertus, des saintetés, des choses.

Le type suprême et universel de ces idées, l'exemplaire primitif et sans autre exemplaire que lui-même de ces idées, c'est Dieu qui a tout créé et imaginé à son image, âme et matière. Il porte en lui les essences, c'est-à-dire les qualités essentielles, fondamentales, de tous les êtres animés et inanimés.

Notre âme existait en lui avant son existence terrestre, et ses instincts moraux ne sont que les réminiscences de sa préexistance, dans des conditions que nous ignorons, avant cette vie. Or, si elle existait avant notre corps, elle doit aussi lui survivre ; et l'impossibilité de la décomposer en parties atteste qu'elle est une et par conséquent indissoluble et immortelle ; car la mort n'est que la dissolution des parties qui composent le corps. Mais comment se décomposerait l'âme, qui n'a pas de parties ? Voilà une des preuves d'immortalité.

Socrate continue la démonstration :

« L'âme, qui est immatérielle, va dans un autre séjour de même nature qu'elle, séjour parfait, pur, que nous appelons l'autre monde, auprès d'un Dieu parfait et bon (où bientôt, s'il plaît à Dieu, mon âme va se rendre aussi). Si elle sort pure, sans rien emporter du corps avec elle, comme celle qui, pendant sa vie, n'a eu aucune faiblesse pour ce corps, qu'elle a vaincu et subjugué, au contraire, qui s'est recueillie en elle-même, faisant de ce divorce son principal soin, et ce soin est précisément ce que j'appelle bien philosopher ou s'exercer à mourir.

« L'âme donc en cet état se rend vers ce qui est semblable à elle, immatériel, divin, immortel et sage, et là elle est heureuse, affranchie de l'ignorance, de l'erreur, de la folie, des craintes, des amours déréglés et de tous les maux des humains, et, comme on le dit des initiés, elle passe véritablement l'éternité avec les dieux.

« Mais, si elle sort de la vie toute chargée des liens de l'enveloppe matérielle, enveloppe pesante, formée de terre et sensuelle, l'âme, mes amis, chargée de ce poids, y succombe, et, entraînée vers le monde des corps par son incompatibilité avec ce qui est immatériel, elle va errant, dit-on, parmi les monuments funèbres et les sépulcres...

« Voilà pourquoi, mes chers amis, dit Socrate après un moment de recueillement, le vrai philosophe s'exerce à la vertu, et nullement par toutes les raisons que s'imagine le peuple. »

Après avoir fait l'exposé des devoirs qui sont imposés à l'homme, des vertus qu'il doit acquérir et des efforts qu'il doit faire pour perfectionner son âme et la rendre digne d'une destinée heureuse après sa mort, Socrate revient aux preuves de l'immatérialité et de l'immortalité de l'âme, et continue ainsi :

« Le corps n'obéit-il pas forcément aux volontés de l'âme et ne voyons-nous pas que cette dernière fait tout le contraire, et qu'elle résiste quand elle veut à l'impression des sens, qu'elle les dompte de toutes les manières, qu'elle réprime ses passions, les unes durement et avec douleur, les autres plus doucement, parlant au désir, à la colère, à la crainte, et leur imposant silence, comme à des choses d'une nature étrangère ; ce qu'Homère nous a représenté dans l'*Odyssée*, où Ulysse, se frappant la poitrine, gourmande ainsi son cœur : Souffre ceci, mon cœur ; tu as souffert des choses plus dures. »

Il ajoute :

« On s'épuise en vains efforts pour définir la nature du beau. Ce qui est beau ici-bas selon moi, c'est ce qui participe au bien absolu ; les belles choses sont belles par la présence de la beauté divine en elles ; et c'est le reflet de cette beauté primordiale et suprême qui les rend telles. La raison de toutes choses, comme de toute qualité, ou perfection de ces choses, est donc Dieu. »

S'élever vers la divinité par la pratique de toutes les vertus est, d'après Socrate, la véritable destinée de l'homme ici-bas. Ceux qui ont vécu ainsi sont assurés d'une éternité bienheureuse ; mais ceux qui sont reconnus avoir vécu de manière qu'ils ne sont ni entièrement criminels, ni entièrement innocents, après avoir subi la peine des fautes qu'ils ont pu commettre sont délivrés, et reçoivent la récompense de leurs bonnes actions chacun selon ses mérites.

« Quant à ceux qui sont reconnus incurables à cause de l'énormité de leurs crimes, ils sont précipités dans le Tartare, d'où ils ne remontent jamais... Soutenir que toutes ces choses sont précisément comme je vous les ai décrites ne conviendrait pas à un homme de sens et de bonne foi ; mais ce qui est certain, c'est que l'âme est immortelle. En tout, c'est un hasard qu'il est beau de courir, c'est une espérance dont il faut s'enchanter soi-même.

« Qu'il espère donc bien de son âme celui qui pendant sa vie a rejeté les plaisirs et les biens du corps comme lui étant étrangers et portant plutôt au mal ; celui qui a aimé les plaisirs de la sagesse, qui a orné son âme, non d'une parure étrangère, mais de celle qui lui est propre, comme la tempérance, la justice, la force, la liberté, la vérité, celui-là doit attendre avec sécurité l'heure de son départ pour un meilleur monde.

« Pour moi, la destinée m'appelle aujourd'hui, comme disait un poète tragique, et il est temps que j'aille au bain, car il me semble qu'il est mieux de ne boire le poison qu'après s'être baigné, et d'épargner aux femmes la peine de laver un cadavre. »

Il ajoute en souriant :

« Je ne saurais persuader à Criton que je suis bien le même Socrate qui s'entretient ainsi avec vous, et qui ordonne toutes les parties de son discours ; il s'imagine toujours que je suis déjà celui qu'il va voir mort tout à l'heure, et il me demande comment il doit m'ensevelir.

« Et tout ce long discours que je viens de faire devant

vous, pour vous prouver que, dès que j'aurai avalé le poison, je ne demeurerai plus avec vous, mais que je vous quitterai pour aller jouir des félicités ineffables, il me paraît que tout cela a été dit en pure perte pour lui, comme si j'avais voulu seulement par là le consoler et me consoler moi-même.

« Soyez donc mes cautions auprès de Criton, et, comme il a répondu pour moi que je ne m'en irais pas, vous, au contraire, répondez pour moi que, dès que je serai mort, je m'en irai, afin que le pauvre Criton prenne les choses plus doucement, et qu'en voyant brûler mon corps ou le mettre en terre, il ne s'afflige pas sur moi. Il ne doit pas dire à mes funérailles que c'est Socrate qu'il expose, qu'il emporte, qu'il ensevelit dans la terre; car il faut que tu saches, mon cher Criton, que parler ainsi improprement, ce n'est pas seulement une faute envers les choses, c'est aussi un mal contre les âmes. Il faut avoir plus de courage, et dire que c'est le corps de Socrate seulement que tu couvres de terre.

« En disant ces mots, il se leva et passa dans la salle du bain; nous l'attendîmes, tantôt en nous entretenant de tout ce qu'il avait dit, tantôt parlant de l'affreux malheur qui allait nous frapper, nous regardant véritablement comme des enfants privés de leur père et condamnés à passer le reste de notre vie comme des orphelins. »

Voilà exposés, dans ces pages sublimes du *Phédon*, les points principaux de la philosophie de cet homme divin, de cette grande intelligence, de cette conscience si pure, de cette vertu presque parfaite, de ce philosophe admirable, qui, pendant sa longue vie (il avait 73 ans à sa mort), prêcha aux Grecs, ses concitoyens, au milieu d'une société corrompue, où le culte de certaines divinités autorisait tous les vices, le dogme de l'existence d'un Dieu unique, pur esprit, infini dans ses perfections, créateur de tout ce qui existe, et gouvernant le vaste univers avec une intelligence, une sagesse, un ordre qui nous confondent d'admiration.

À ce dogme qui s'impose à la raison humaine avec une puissance irrésistible, il ajoute le témoignage de la conscience, ce cri de l'âme qui proclame la notion exacte de la distinction du bien et du mal, d'où découle *le devoir*, ou la nécessité impérieuse d'éviter le mal et de pratiquer la vertu.

Enfin, il affirme avec une conviction qui ne laisse aucune place au doute, et en accumulant les preuves, le dogme de l'immortalité de l'âme. Cette croyance, admise par tous les peuples du monde, est pour lui le corollaire de l'idée de Dieu, de la notion du bien et du mal, tous fruits naturels de notre constitution pensante, que nous apportons en naissant, et que rien ne pourra détruire, pas plus que l'âme elle-même. On a pu remarquer que Socrate admet pour les âmes qui ne se sont pas souillées des plus grands crimes une vie intermédiaire, où elles se purifient de leurs faiblesses, de leurs imperfections, après laquelle elles sont réunies à Dieu et récompensées de ce qu'elles ont pu faire de bien.

Cette idée d'une autre vie intermédiaire, consacrée à la purification des âmes et à l'expiation des fautes qu'on a pu commettre antérieurement, était empruntée évidemment aux religions de l'Inde; mais elle fait partie aussi, chose remarquable, de la théologie chrétienne: c'est le purgatoire, idée consolante après tout, qui laisse à l'homme l'espoir, après la mort, d'être racheté tôt ou tard de ses fautes et de parvenir à l'éternel bonheur (1). La réforme protestante, bien plus sévère que le catho-

---

(1) L'idée du purgatoire ne se trouve pas en effet dans l'évangile, elle est exprimée seulement dans une épître de saint Jacques. Les protestants croient que cette épître est apocryphe.

licisme, a supprimé, on ne sait pourquoi, cette vie intermédiaire, si rassurante pour le pécheur. Elle n'admet que deux états pour la vie future, le paradis ou l'enfer.

CHAPITRE VIII

COMMENT LES ÉCOLES PHILOSOPHIQUES DE LA GRÈCE ONT RÉSOLU LE PROBLÈME DE LA VIE FUTURE

Après la mort de Socrate, plusieurs écoles de philosophie se fondèrent à Athènes, et eurent une grande célébrité.

Platon, disciple de Socrate, — dont le vaste système de philosophie a eu tant d'influence sur l'esprit et les mœurs des nations, et, propagé par ses élèves et ses successeurs, Speusippe, neveu de Platon, Xénocrate, Cratès, Polémon, Crantor de Soles, donna lieu au néoplatonisme d'Alexandrie, fut adopté en partie par les Pères de l'Église, et, après une longue éclipse pendant le moyen âge, où régna exclusivement la philosophie d'Aristote, reparut au seizième siècle avec Ramus et finit par obtenir une place honorable dans l'histoire des manifestations de la pensée humaine, — Platon, disons-nous, soutint avec la même conviction le dogme de la vie future tel que son maître l'avait exposé dans le *Phédon*.

Aristote, son disciple, dont le génie universel a embrassé toutes les sciences, suivit en philosophie une marche opposée. A l'idéalisme de son maître il substitua d'une manière générale le naturalisme.

Suivant Platon, les idées types, éternelles, immuables, constituent l'essence de tous les êtres ; seules, elles ont une existence réelle, absolue. Les choses individuelles,

les notions générales n'en sont que les reflets, Dieu est leur substance commune; mais elles sont innées chez l'homme. Elles se manifestent à lui spontanément, comme une réminiscence d'existences antérieures.

Le variable, l'imparfait, le fini n'est autre chose que la matière; passive, aveugle, indéterminée, elle existe hors de Dieu; mais, par l'action de Dieu sur elle, se forme l'âme du monde, qui participe à la fois de Dieu et de la matière.

C'est cette théorie des idées qui sert de base, d'après Platon, à la morale, à l'art, à la politique (1). D'après ce système, le disciple de Socrate admet, comme lui, l'existence de Dieu, la distinction de l'âme et du corps, associés par un lien mystérieux pendant la vie, mais se séparant à la mort, l'un décomposable et rentrant dans les éléments, l'autre véritable substance, une, immatérielle, douée d'immortalité et recevant une récompense de Dieu si elle a été vertueuse, et des peines si, pendant la vie, elle a été souillée par des vices. La philosophie de Platon a donc pour corollaire le spiritualisme.

Dans son traité de l'*Ame*, le plus parfait de ses ouvrages, Aristote, nous l'avons dit, part d'un point de vue tout opposé. Il ne considère pas l'âme de l'homme isolément avec les facultés qui lui sont propres et qui la distinguent de tout le reste. Il l'étudie d'une manière générale au point de vue de l'histoire naturelle, il appelle l'âme le principe qui donne la vie avec ses diverses modifications à tous les êtres vivants; aux plantes, la nutrition, la reproduction; aux animaux, les facultés que nous venons de nommer, plus le mouvement, la sensibilité, l'instinct; aux hommes, en plus, la raison, l'intelligence, etc.

Dans cette classification, toute entière du ressort de

---

(1) Platonisme (Grégoire, *Dictionnaire philosophique*).

la physiologie, il ne fait pas, comme Platon, la distinction de l'âme et du corps; pour lui, elle est seulement l'achèvement du corps, son perfectionnement, ou, suivant son expression, son *entéléchie*. Aristote, ne s'attachant qu'à ce qui est visible et qui peut être expliqué rationnellement, supprime tout ce qui est mystérieux dans l'homme et dont notre conscience ou notre sens intérieur seul nous révèle l'existence, il ne se prononce pas sur l'immortalité de l'âme, sur la croyance d'une vie future, et il paraît clair que sa philosophie ne s'étendait pas jusque-là, ou qu'elle laissait volontairement dans l'ombre ces grands problèmes qui s'imposent d'une manière absolue à l'intelligence humaine, et qu'elle cherchera toujours à résoudre.

Les doctrines d'Aristote ou l'aristotélisme eurent un grand nombre de sectateurs. Ressuscitées par les Arabes, adoptées par les scolastiques du moyen âge, par les grands docteurs de cette époque, qui, en forçant les textes et en les interprétant d'une manière plus favorable, cherchèrent à les accommoder à l'orthodoxie chrétienne, elles régnèrent exclusivement jusqu'au seizième siècle, et arrêtèrent pendant une longue période les progrès de l'esprit humain. Le mot *magister dixit* répondait à toutes les objections et était un obstacle à toutes les recherches.

L'aristotélisme eut un autre tort. Le chef de cette grande école ne s'étant pas prononcé clairement sur la spiritualité de l'âme et sur les idées innées, qui font partie de notre constitution pensante, que nous apportons en naissant, et ne l'ayant pas distinguée suffisamment des éléments matériels auxquels elle est associée pendant la vie, il en résulta que ses successeurs donnèrent dans les erreurs du naturalisme ou du matérialisme et, comme beaucoup de savants d'aujourd'hui, cherchèrent à expliquer par la physiologie tous les phénomènes psychologiques. Aristote ne parle d'ailleurs nulle part explicitement de l'immortalité de l'âme, et on a pu supposer qu'il n'y croyait pas, et qu'il pensait que pour l'homme tout finit à la mort.

Barthélemy Saint-Hilaire, un des derniers traducteurs d'Aristote, reproche avec quelque apparence de raison à ce grand philosophe d'avoir négligé, dans son traité de l'*Ame* et de ses facultés, le plus parfait de ses ouvrages, de parler des destinées de l'âme après la mort.

Si regrettable que soit cette lacune, on aurait tort d'en conclure qu'Aristote était devenu étranger aux doctrines spiritualistes de l'école platonicienne, et qu'il penchait vers le matérialisme de plusieurs philosophes de son époque. N'est-ce pas à cet illustre savant que l'on doit cette définition de l'homme reproduite par un naturaliste célèbre de notre temps, M. Quatrefages : *Homo est animal politicum et religiosum;* l'homme est un animal politique et religieux ?

Il y a donc, d'après Aristote et d'après ses nombreux disciples, un élément constitutif de l'âme humaine, c'est-à-dire l'élément religieux, faisant partie de son essence, attaché à elle et, comme elle, indestructible et immortel. C'est cet élément qui distingue l'âme humaine de celle des animaux, qui est sensitive et périt avec le corps. L'âme humaine comprend donc l'idée de Dieu, l'idée de l'immortalité, l'idée de justice, la notion du bien et du mal, etc.

Ce caractère religieux, attesté par le plus grand philosophe de l'antiquité, est la meilleure preuve de ses doctrines spiritualistes, et le rattache non seulement à la grande école platonicienne, mais encore à l'opinion des plus grands génies des temps modernes.

C'est ainsi que s'explique l'universalité des religions, et, comme nous l'avons déjà dit, leur indestructibilité. Ni les tyrannies, ni les violences, ni les cruautés les plus effroyables n'ont rien pu contre elles, et elles ont été impuissantes à les détruire.

Sans remonter aux âges les plus anciens de l'histoire, on peut affirmer la durée indéfinie de ces croyances et leur immortalité. S'il y a eu un moment dans notre France où la religion chrétienne a paru détruite sans retour, c'est à coup sûr dans la période néfaste de 1893, lorsque la Convention, s'inspirant des idées de Diderot et d'Holbach, et ayant pour chefs Hébert et Chaumette, fit fermer les églises, renversa les autels, déporta les prêtres ou les fit monter sur l'échafaud. Mais le règne de ces sectaires fut court, ils expièrent bientôt leurs saturnales impies ; Robespierre lui-même, disciple de J.-J. Rousseau, se hâta de reconnaître la nécessité de la religion, et dans Paris athée fit célébrer avec une pompe inouïe la fête de l'Être suprême, cérémonie religieuse qui le rendit odieux à ses collègues matérialistes de la Convention et ne contribua pas peu à sa perte. A Robespierre, qui, tout pervers qu'il était, avait proclamé hautement l'existence de Dieu et l'immortalité de l'âme, succéda bientôt la secte religieuse des Théophilanthropes, dont un membre du Directoire, Larévellière-Lépeaux, fut le fondateur et le pontife.

Enfin, huit ans à peine s'étaient écoulés depuis l'abolition du culte chrétien, et les portes de Notre-Dame et celles de toutes les églises de France s'ouvrirent à la fois devant le catholicisme restauré et triomphant.

La troisième République se propose, dit-on, à son tour, pour but la destruction du culte chrétien, et paraît reprendre avec un aveuglement et un acharnement égal l'œuvre des Jacobins de 1893 ; mais qui ne voit qu'elle se prépare, dans un avenir peu éloigné, un immense échec ? Après un succès passager, on reviendra infailliblement au point de départ ; car c'est une loi de l'histoire qui ne souffre pas d'exception qu'à une action plus ou moins violente et tyrannique succède toujours une réaction d'une violence égale, et c'est ainsi que l'équilibre se rétablit. Le même siècle peut voir reconstruire ce qu'on avait démoli, et brûler ce qu'on avait adoré.

A ces deux écoles de l'Académie et du Lycée ou au platonisme et au péripatétisme, qui jetèrent à Athènes un si grand éclat et qui ont eu jusqu'à nos jours une si grande influence sur la direction de l'esprit humain, succédèrent, sous les princes qui se partagèrent l'empire d'Alexandre, une foule de sectes philosophiques. Les plus célèbres de ces doctrines furent l'épicurisme et le stoïcisme, qui occupèrent tous les esprits jusqu'à l'avènement du christianisme.

CHAPITRE IX

DE L'ÉPICURISME OU DE LA DOCTRINE D'ÉPICURE, ET DE L'OPINION DE CE PHILOSOPHE AU SUJET DE L'IMMORTALITÉ DE L'AME

Épicure, venu après Aristote, et à l'époque où les lieutenants d'Alexandre se disputaient son empire, fit descendre la philosophie des hauteurs où l'avaient placée Platon et le fondateur du péripatétisme.

Mettant de côté toutes les théories, il voulut s'occuper avant tout de la morale ou des moyens qui peuvent rendre l'homme heureux et le préserver de la plupart des maux qui sont inhérents à la condition humaine.

Ces moyens, suivant Épicure, sont les suivants :

1º Prendre le plaisir qui ne doit être suivi d'aucune peine ;

2º Fuir la peine qui ne peut amener aucun plaisir ;

3º Fuir la jouissance qui doit priver d'une jouissance plus grande ou causer plus de peine que de plaisir ;

4° Prendre la peine qui vous fait éviter une peine plus grande ou qui doit être suivie d'un grand plaisir.

A ces préceptes il ajoute la pratique de la tempérance, de la prudence, de la force, de la justice. Malgré les réserves que fait ce philosophe et l'interprétation qu'il donne aux mots plaisir, volupté, son système n'est pas moins le dernier mot du matérialisme.

Epicure n'admet pas un être suprême, immatériel et créateur de tout ce qui existe. Il reproduit en partie le système de Démocrite, qui vivait du temps d'Hippocrate.

Ce sont les atomes existant de toute éternité qui, en se combinant de mille manières, ont formé le monde avec tout ce qu'il contient; ces atomes sont doués de pesanteur qui leur donne le mouvement et d'affinité qui leur permet de se rapprocher et d'adhérer les uns aux autres pour former les corps.

L'âme est aussi composée d'atomes : ils sont ronds et parfaitement mobiles; ils sont d'ailleurs liés au corps, et, lorsque celui-ci se dissout, l'âme se dissipe et périt. Tout se borne, pour Epicure, à la vie présente, qu'il s'agit de rendre aussi heureuse que possible.

Quant à l'existence des dieux, sur laquelle il ne se prononce pas clairement, il paraît qu'il admet quelques divinités secondaires, peut-être pour ne pas choquer les croyances de la multitude; mais ces dieux étaient indifférents aux affaires humaines, impuissants, entièrement oisifs. Il était inutile de les invoquer et de leur adresser des prières, en un mot, ils n'avaient aucun des attributs de la divinité.

Il est aisé de comprendre, d'après ce qui précède, que, malgré l'opinion de quelques apologistes, l'athéisme et le matérialisme formaient le fond des doctrines d'Epicure. Aussi, eurent-elles dans les classes élevées de la société grecque et de la société romaine, un grand nombre de sectateurs. Lucrèce traduisit en beaux vers, dans son poème *De la Nature*, le système du philosophe grec. Atticus, l'ami de Cicéron, était épicurien ; il en était de même de Mécène, d'Horace, de Cassius, le meurtrier de César, et d'une foule de grands personnages de Rome et d'Athènes.

CHAPITRE X

DU STOÏCISME

Après l'épicurisme, dont les dogmes avaient produit nécessairement un relâchement plus grand des mœurs dans les hautes classes de la société — car, en supprimant tout dogme religieux, en niant la divinité, en recommandant l'abstention des affaires publiques et affirmant que l'âme à la mort se dissipait dans les éléments, il effaçait toute notion du devoir — une réaction devenait inévitable. C'est Zénon, né à Citium, qui combattit le premier les idées d'Épicure et fut le fondateur à Athènes d'une nouvelle école de philosophie, qui prit le nom de l'école du Portique, d'une galerie couverte où Zénon enseignait.

La doctrine du philosophe grec eut de nombreux sectateurs ; les disciples les plus célèbres furent Cléanthe, Chrysippe, Diogène de Babylone, Panœtius de Rhodes, Posidonius d'Apamée.

Le stoïcisme, plus ou moins modifié par les successeurs de Zénon, admet l'existence de Dieu, et il la prouve surtout par le consentement universel et par les causes finales ; mais ce Dieu ne peut qu'être corporel, car, suivant Zénon et son école, la matière seule existe de toute éternité, et hors d'elle il n'existe rien ; comment la matière peut-elle faire partie de la divinité, et donner le mouvement et la vie à tout ce qui existe ? C'est qu'il entre deux principes dans la constitution de tout corps, le principe passif, la substance sans qualité, et le principe actif, la force, la qualité. Le principe actif spécial qui dirige le monde, c'est Dieu, qui réunit en lui une perfection spirituelle plus grande que celle qui apparaît dans les autres êtres et dans l'homme lui-même. Dieu est donc un corps, mais le plus subtil et le plus puissant de tous, comprenant tout ce qui existe dans le monde, et doué en même temps de toutes les perfections que l'école platonicienne attribue à l'être suprême purement spirituel.

On voit que la théologie stoïcienne n'est au fond qu'un vaste panthéisme. Que devient, avec cette conception du monde et de la divinité, l'idée d'une vie future ? Les âmes humaines, n'étant considérées par Zénon que comme des produits du principe passif et du principe actif de la matière, que comme des fractions du monde et de la divinité, elles y rentrent après avoir fourni leur carrière.

Des trois parties de la philosophie admises par l'école du Portique, la logique, la physique et l'éthique, les deux premières sont évidemment les plus défectueuses, elles ont pour corollaire le panthéisme et présentent d'ailleurs de nombreuses contradictions ; mais il n'en est pas de même de la morale. Quoique, à l'exemple d'Épicure, Zénon n'admette ni peines, ni récompenses après cette vie, il reconnaît que, puisque l'homme vient de Dieu et se réunit à lui après sa mort, il doit, pendant sa rapide existence, vivre conformément aux lois de la nature, imposées par le principe actif de la matière, et qui révèlent toutes les perfections qu'elles tiennent de leur source divine, c'est-à-dire l'ordre, l'harmonie, la sagesse, etc.

Comme c'est le principe passif ou l'influence du corps qui entraîne l'homme au désordre et à la violation des lois dont nous venons de parler, il faut que la raison domine les sens, qu'elle refrène les mauvais penchants, les passions qui lui sont communes avec les animaux ; l'homme n'est heureux qu'à ce prix, puisque la sagesse et la paix de l'âme consistent à ne pas déroger à son origine, et à ne rien faire qui soit contraire à l'ordre général, qui se reflète avec tant d'éclat dans le spectacle que nous offre la nature.

Le but que poursuit la philosophie stoïcienne étant la pratique de la vertu, on peut s'étonner qu'elle la borne à cette courte existence, et qu'il n'y ait pour elle ni peine ni récompense dans l'autre vie. Ce qui étonne davantage, c'est que Zénon permette à l'homme d'attenter à ses jours, dans certains cas, et pourvu que cet acte émane non de la passion mais d'une raison calme et réfléchie.

Malgré ces erreurs, malgré sa fausse conception du monde, ses idées de matérialisme et de panthéisme et les contradictions que présente le stoïcisme, on ne peut nier qu'il n'ait réalisé un progrès dans la société antique grecque et romaine. Dans cette société dissolue, qui marchait à sa ruine, il rappela les hommes à l'idée du devoir, que l'épicurisme tendait à effacer de plus en plus dans les âmes.

Il proclama la nécessité de vaincre ses passions et de mortifier ses sens. Contrairement aux doctrines d'Épicure et à ses propres principes, il admit qu'il y avait une Providence qui veillait aux destinées humaines, il pratiqua avec grandeur sa maxime : *Abstine et sustine*. Le premier, il annonça aux hommes qu'ils étaient égaux et qu'ils étaient frères, étant les enfants d'un même père, et incontestablement il prépara les esprits à l'avènement du christianisme. Il ne fallait rien moins que les préceptes austères du stoïcisme pour soutenir les âmes et les fortifier contre les maux de la vie, pendant cette sanglante période de l'histoire romaine comprise entre les guerres civiles de Marius et de Sylla et les proscriptions d'Octave, d'Antoine et de Lépidus ; et c'est encore le service que rendit la philosophie du Portique. Enfin, le stoïcisme a inspiré les plus grands écrivains et les plus grands hommes de Rome, entre autres Cicéron, Caton d'Utique, Brutus, le meurtrier de César, Traséas, Sénèque, Épictète, Marc-Aurèle, etc.

CHAPITRE XI

DE LA CROYANCE A L'IMMORTALITÉ DE L'AME CHEZ LES ROMAINS

Les Romains avaient eu des relations avec les peuples de la Grèce dès les premiers âges de la République. Les Grecs avaient peuplé de leurs colonies la Sicile, la partie méridionale de la péninsule italique, d'où le nom de Grande Grèce qu'on avait donné à cette région. Pythagore y avait fondé une école célèbre. Enfin, les Romains avaient reçu des Grecs leurs lois des douze tables, et ils avaient soutenu une lutte glorieuse contre Pyrrhus, roi d'Epire, qui avait fait invasion en Italie.

Mais ce n'est qu'après la conquête de la Grèce par Mummius, le destructeur de Corinthe, par Paul-Émile et Flaminius, que les relations entre ces deux peuples devinrent plus fréquentes ; jusqu'alors, les Romains, qui rêvaient la conquête du monde, ne s'étaient occupés que d'art militaire et étaient restés étrangers aux arts et aux sciences de leurs voisins. Ils reçurent alors de cette nation qu'ils avaient vaincue des sculpteurs, des peintres, des grammairiens, des auteurs dramatiques, des philosophes, etc., et ils purent s'initier peu à peu aux arts et aux lettres, qu'ils avaient d'abord dédaignés.

L'épicurisme et le stoïcisme, comme nous l'avons dit, propagés par des Grecs qui avaient abandonné leur patrie ruinée par les armes romaines, furent adoptés par les

Romains les plus illustres ; Lucrèce, comme nous l'avons vu, expose en vers magnifiques les doctrines d'Épicure, le système des atomes, la négation de la divinité et la croyance que l'âme, formée d'atomes comme le corps, suivait sa destinée, se dissipait dans les éléments, et qu'il n'y avait rien à attendre d'une vie future après la dissolution du corps.

Cette philosophie commode, parce qu'elle autorisait tous les vices, fit à Rome un grand nombre de prosélytes, surtout dans les classes élevées de la société. En revanche, elle eut de puissants contradicteurs, et parmi les plus illustres il faut compter Cicéron.

CICÉRON. — Ce grand homme, dans presque tous ses ouvrages (1), a combattu les doctrines d'Épicure ; son système des atomes, ou la création du monde et de tout ce que nous voyons au moyen d'atomes s'accrochant les uns aux autres, et, en se combinant de mille manières, prenant les formes les plus variées ; sa conception des divinités, sorte de fantômes à forme humaine, oisifs, dépourvus de bonté et parfaitement indifférents aux affaires humaines, qu'il est inutile de prier et d'invoquer ; la recommandation qu'il fait à ses disciples de s'abstenir des affaires publiques ; cette philosophie en un mot, qui supprimait la religion, la piété, la sainteté, le culte, les temples, les autels, les sacrifices, les prières, etc., ne pouvait convenir à l'âme idéaliste et artiste de Cicéron.

Il aime mieux se ranger du côté du stoïcisme, qui, tout en reconnaissant des dieux corporels, ou composés, comme le monde, d'un principe actif et d'un principe passif, admettait qu'il y avait une Providence, et que ces dieux présidaient aux destinées humaines.

(1) Le livre *De Oratore*, *Les Lois*, *Les Académiques*, le *De Finibus*, les *Tusculanes*, le *Divinatione*, *De Fato*, *De Officiis*, et surtout le livre *De Natura Deorum*.

Dans le traité *De Natura deorum*, Cicéron affirme que, sans la piété, il n'y aurait plus ni bonne foi, ni justice, ni société civile, etc.; enfin, sans la croyance à la divinité, la notion du bien et du mal s'effacerait dans les âmes, et il n'y aurait plus de morale.

Si Cicéron n'accorde pas à cette doctrine la certitude absolue, il la regarde au moins comme très vraisemblable. Pour prouver l'existence de Dieu et de sa Providence, il emploie l'argument des stoïciens, celui du consentement universel et des causes finales.

Quant à la nature de la divinité, dans le livre *De Republica*, quoiqu'il lui paraisse difficile de la déterminer avec certitude, il se sépare des stoïciens, et, s'inspirant des idées de Platon, il croit pouvoir admettre un Dieu unique, spirituel, séparé de tout composé mortel, connaissant et mouvant toute chose ; suivant lui enfin, Dieu est infiniment intelligent, infiniment sage, infiniment puissant, infiniment prévoyant et il gouverne tout l'univers.

Sur la question de l'immortalité de l'âme, il se range du côté des philosophes qui admettent que l'âme est immortelle, et il s'inspire des preuves que Socrate a développées avec tant d'éloquence dans *le Phédon*.

Cette idée de l'immortalité de l'âme, admise par la plupart des peuples du monde, qui, suivant Platon, fait partie de notre constitution pensante, et que l'âme a connue avant d'être associée à un corps, ainsi que l'idée de droit, de justice, la notion du bien et du mal ; cette idée, disons-nous, est considérée par Cicéron, dans quelques-uns de ses ouvrages, comme très vraisemblable. Il est beaucoup plus affirmatif toutefois dans le traité *De Republica;* c'est dans le livre vi^e de cet ouvrage, mieux conservé que les autres, qu'on lit, après un entretien sur l'âme et sur ses destinées, le songe de Scipion, morceau de la plus haute éloquence, où ce grand capitaine révèle dans un songe à son successeur, Scipion Emilien, les récompenses que le ciel réserve aux hommes qui ont pratiqué la vertu et honoré les dieux.

C'est Scipion Emilien qui parle :

« Lorsque j'arrivai pour la première fois en Afrique, où j'étais, comme vous le savez, tribun des soldats dans la 4ᵉ légion, sous le consul Manilius, je n'eus rien de plus empressé que de me rendre près du roi Massinissa, lié à notre famille par une étroite et bien légitime amitié.

« Dès qu'il me vit, le vieux roi vint m'embrasser en pleurant, puis il leva les yeux au ciel, et s'écria : Je te rends grâce, Soleil, roi de la nature, et vous tous, dieux immortels, de ce qu'il me soit donné, avant de quitter cette vie, de voir dans mon royaume et à mon foyer P. Cornélius Scipion, dont le nom seul ranime mes vieux ans ! Jamais le souvenir de l'excellent ami, de l'invincible héros ne quitte un instant mon esprit.

« Après un repas d'une magnificence royale, nous conversâmes encore jusque fort avant dans la nuit; le vieux roi ne parlait que de Scipion l'Africain, dont il rappelait toutes les actions, même les paroles. Nous nous retirâmes enfin pour prendre du repos. Accablé par la fatigue de la route et par la longueur de cette veille, je tombai bientôt dans un sommeil plus profond que de coutume ; tout à coup, une apparition s'offrit à mon esprit, tout plein encore de l'objet de nos entretiens... L'Africain m'apparut sous les traits que je connaissais, moins pour l'avoir vu lui-même que pour avoir contemplé ses images.

« Je le reconnus aussitôt, et je fus saisi d'un frémissement subit ; mais lui : Rassure-toi, Scipion, me dit-il ; bannis la crainte et grave ce que je vais te dire dans ta mémoire.

« Vois-tu cette ville qui, forcée par mes armes de se

soumettre au peuple romain, renouvelle nos anciennes guerres et ne peut souffrir le repos? Et il me montrait Carthage, d'un lieu élevé, tout brillant d'étoiles et resplendissant de clarté.

« Tu viens aujourd'hui l'assiéger, presque confondu dans les rangs des soldats ; dans deux ans, élevé à la dignité de consul, tu la détruiras jusqu'aux derniers fondements et tu mériteras par ta valeur ce titre d'Africain, que tu as reçu de nous par héritage. Après avoir renversé Carthage, tu seras appelé aux honneurs du triomphe ; créé censeur, tu visiteras, comme ambassadeur du peuple romain, l'Egypte, la Syrie, l'Asie et la Grèce ; tu seras nommé pendant ton absence consul pour la seconde fois ; tu mettras fin à une grande guerre, tu ruineras Numance. Mais, après avoir monté en triomphateur au Capitole, tu trouveras la République tout agitée par les menées de mon petit-fils. Alors, Scipion, ta prudence, ton génie, ta grande âme devront éclairer et soutenir ta patrie.

« Sur toi seul reposera le salut de l'Etat ; enfin, dictateur, tu régénéreras la République, si tu peux échapper aux mains impies de tes proches.

« Mais, continua l'Africain, pour que tu sentes redoubler ton ardeur à défendre l'Etat, sache que ceux qui ont sauvé, secouru, agrandi leur patrie ont dans le ciel un lieu préparé d'avance, où ils jouiront d'une félicité sans terme : car le Dieu suprême qui gouverne l'immense univers ne trouve rien sur la terre qui soit plus agréable à ses yeux que ces réunions d'hommes assemblés sous la garantie des lois et que l'on nomme des cités.

« C'est du ciel que descendent ceux qui conduisent et conservent les nations et c'est au ciel qu'ils retournent.

« Ce discours de l'Africain m'avait ému jusqu'au fond

de l'âme ; j'eus cependant la force de lui demander s'il vivait encore, lui et Paul-Émile, mon père adoptif, et tous ceux que nous regardons comme n'étant plus.

« La véritable vie, me dit-il, commence pour ceux qui s'échappent des liens du corps, où ils étaient captifs ; mais ce que vous appelez la vie est réellement la mort. Regarde ; voici ton père qui vient vers toi ! Je vis mon père, et je fondis en larmes ; mais lui, m'embrassant, me défendit de pleurer.

« Dès que je pus retenir mes sanglots, je dis : O mon père, modèle de vertus et de sainteté, puisque la vie est en vous, pourquoi resterais-je plus longtemps sur la terre ? Pourquoi ne pas me hâter de venir dans votre société céleste ?

« Non pas ainsi, mon fils, me répondit-il ; tant que Dieu, dont tout ce que tu vois est le temple, ne t'aura pas délivré de ta prison corporelle, tu ne peux pas avoir accès dans ces demeures.

« La destination des hommes est de garder ce globe que tu vois situé au milieu du temple universel de Dieu, dont une parcelle s'appelle la terre.

« Ils ont reçu une âme ! C'est pourquoi, mon fils, toi et tous les hommes religieux, vous devez retenir votre âme dans les liens du corps ; aucun de vous, sans le commandement de celui qui vous l'a donnée, ne peut sortir de cette vie mortelle. En la fuyant, vous paraîtriez abandonner le poste où Dieu vous a placés.

« Mais plutôt, Scipion, comme ton aïeul qui m'écoute, comme moi qui t'ai donné le jour, pense à vivre avec justice et piété ; pense au culte que tu dois à tes parents et à tes proches et surtout à ta patrie.

« Une telle vie est la route qui te conduira au ciel et dans l'assemblée de ceux qui ont vécu et qui maintenant, délivrés du corps, habitent le lieu que tu vois...

« Mon père me montrait ce cercle qui brille par son

éclatante blancheur au milieu de tous les feux célestes, et que vous appelez, d'une expression empruntée, *la voie lactée*. Du haut de cet orbe lumineux, je contemplais l'univers, et je le vis tout plein de magnificence et de merveilles ; des étoiles que l'on n'aperçoit pas d'ici-bas parurent à mes regards, et la grandeur des corps célestes se dévoila à mes yeux. Elle dépasse tout ce que l'homme a pu jamais soupçonner.

« De tous les corps le plus petit, qui est situé aux derniers confins du ciel et le plus près de la terre, brillait d'une lumière empruntée. Les étoiles l'emportaient de beaucoup sur la terre en grandeur.

« La terre elle-même me parut si petite, que notre empire, qui n'en touche qu'un point, me fit honte ! Comme je la regardais attentivement ! Eh bien ! mon fils, me dit-il, ton esprit sera-t-il donc toujours attaché à la terre ? Ne vois-tu pas dans quelle demeure supérieure et sainte tu es appelé ?...

« Je contemplais toutes ces merveilles perdu dans mon admiration. Lorsque je pus me recueillir : quelle est donc, demandai-je à mon père, quelle est cette harmonie si puissante et si douce, au milieu de laquelle il me semble que nous soyons plongés ?...

« Mon fils, si tu veux porter tes regards en haut, et les fixer sur ton séjour naturel et ton éternelle patrie, ne donne aucun empire sur toi aux discours du vulgaire.

« Élève tes vœux au-dessus des récompenses humaines ; que la vertu seule te montre le chemin de la véritable gloire et t'y attire pour elle-même.

« C'est aux autres à savoir ce qu'ils devront dire de toi. Ils en parleront sans doute ; mais la plus belle renommée est tenue captive dans ces bornes étroites où votre monde est réduit ; elle n'a pas le don de l'immortalité, elle périt avec les hommes, et elle s'éteint dans l'oubli de la postérité !

« Lorsqu'il eut ainsi parlé : O Scipion, lui dis-je, s'il est vrai que les services rendus à la patrie nous ouvrent les portes du ciel, votre fils, qui, depuis son enfance, a marché sur vos traces et sur celles de Paul-Emile et n'a peut-être pas manqué à ce difficile héritage de gloire, veut aujourd'hui redoubler d'efforts à la vue de la récompense qui l'attend.

« Courage ! me dit Scipion, souviens-toi que, si ton corps doit périr, tu n'es pas mortel. Cette forme sensible, ce n'est point toi. Ce qui fait l'homme, c'est l'âme, et non cette figure que l'on peut montrer du doigt.

« Sache donc que tu es divin ; car c'est être divin que de sentir en soi la vie de penser, de se souvenir, de prévoir, de gouverner, de régir et de mouvoir le corps qui nous est attaché comme le Dieu véritable gouverne ses mondes.

« Semblable à ce Dieu éternel, qui meut l'univers en partie corruptible, l'âme immortelle meut le corps périssable. Exerce-la cette âme aux fonctions les plus excellentes. Il n'en est pas de plus élevées que de veiller au salut de la patrie. L'âme, accoutumée à ce noble exercice, s'envole plus facilement vers sa demeure céleste ; elle y est portée d'autant plus rapidement, qu'elle se sera habituée dans la prison du corps à prendre son élan, à contempler les objets sublimes, à s'affranchir de ses liens terrestres ; mais, lorsque la mort vient à frapper les hommes vendus aux plaisirs, qui se sont faits les esclaves infâmes de leurs passions, et, poussés aveuglément par elles, ont violé toutes les lois divines et humaines, leurs âmes, dégagées du corps, errent misérablement autour de la terre et ne reviennent dans ce séjour qu'après une expiation de plusieurs siècles.

« A ces mots il disparut, et je m'éveillai... »

Il est aisé de voir, d'après cet admirable passage du *Livre de la République*, où il évoque si éloquemment l'ombre de Scipion, que Cicéron, qui avait toujours combattu l'épicurisme, mais qui avait penché parfois du côté du stoïcisme, s'est inspiré ici uniquement de la philosophie de Platon. Ce sont des pages empruntées au *Phédon*, et on croit entendre Socrate exposant à ses disciples, quelques heures avant de mourir, avec une fermeté et une conviction qui ne laissaient pas l'ombre d'un doute, ses idées sur l'existence d'un Dieu sage et rémunérateur, sur l'immortalité de l'âme et les peines et les récompenses d'une autre vie.

On peut remarquer que Cicéron, comme Socrate, n'admet l'éternité des peines que pour les plus grands criminels et dont la méchanceté est incurable; pour les autres moins coupables, il croit qu'il y a une vie intermédiaire, et qu'après plusieurs années d'expiation, ils sont délivrés et reparaissent sur la terre.

La foi à l'immatérialité et à l'immortalité de l'âme n'est pas moins affirmée dans ce passage du second livre du *Traité des biens et des maux*, dédié à Brutus, ami de Cicéron :

« L'origine de notre âme ne saurait se trouver dans rien de ce qui est matériel, car la matière ne peut produire la pensée, la connaissance, la mémoire, qui n'ont rien de commun avec elle. Il n'y a rien dans l'eau, dans l'air, dans le feu, dans ce que les éléments offrent de plus subtil et de plus délié, qui présente l'idée du moindre rapport avec la faculté que nous avons de percevoir les idées du passé, du présent et de l'avenir.

« Cette faculté ne peut donc venir que de Dieu seul, elle est essentiellement céleste et divine.

« Ce qui pense en nous, ce qui sent, ce qui veut, ce qui nous meut, est incorruptible et éternel ; nous ne pouvons pas même concevoir l'essence divine autrement que nous ne concevons celle de notre âme, c'est-à-dire comme quelque chose d'absolument séparé et indépendant des sens, comme une substance spirituelle qui connaît et qui meut tout.

« Vous me direz : Et où est cette substance qui connaît et qui meut tout ? et comment est-elle faite ? Je vous réponds : Et où est votre âme ? et comment se la représenter ? Vous ne sauriez me le dire, ni moi non plus ; mais, si je n'ai pas pour la comprendre tous les moyens que je voudrais bien avoir, est-ce une raison pour me priver de ce que j'ai ? L'œil voit et ne se voit pas. Ainsi notre âme, qui voit tant de choses, ne voit pas ce qu'elle est elle-même ; elle a toutefois la conscience de sa pensée et de son action. Mais où a-t-elle son siège, et qu'est-elle ? C'est ce qu'il ne faut pas même chercher...

« Quand vous voyez l'ordre de l'univers et le mouvement réglé des corps célestes, n'en concluez-vous pas qu'il y a une intelligence suprême qui doit y présider, soit que l'univers ait commencé et qu'il soit l'ouvrage de cette intelligence, comme le croit Platon, soit qu'il existe de toute éternité, et que cette intelligence en soit seulement la modératrice, comme le croit Aristote.

« Vous reconnaissez un Dieu à ses œuvres, et à la beauté du monde, quoique vous ne sachiez pas où est Dieu et ce qu'il est ; reconnaissez de même votre âme à son action continuelle et à la beauté de son œuvre, qui est la vertu ! »

Que pourraient ajouter à cette démonstration de l'existence de Dieu et de l'immatérialité de l'âme les philosophes spiritualistes des siècles suivants et même ceux d'aujourd'hui ?

VIRGILE et le sixième chant de l'*Énéide*. — Après Lucrèce, qui, s'inspirant du système des atomes de Démocrite et de la philosophie d'Épicure, chante en beaux vers l'éternité du monde, la matérialité de l'âme et de tout ce qui existe, et, supprimant le dogme de l'existence d'un Dieu unique et infiniment parfait, tel que l'avaient admis Platon et son école, rejette au nombre des fables tout ce que croyait le vulgaire, au sujet d'une vie future avec ses peines et ses récompenses, après Lucrèce, disons-nous, il est curieux de rechercher quelle était l'opinion de Virgile sur l'immortalité de l'âme.

Dans sa description admirablement poétique des enfers, Virgile s'est inspiré des croyances populaires de la Grèce et de Rome, et des dogmes que Pythagore avait importés dans l'Italie méridionale et qu'il avait empruntés aux religions de l'Inde et de l'Egypte.

La Sibylle conduit Enée dans les enfers :

« Dieux, s'écrie le poète, qui avez l'empire des âmes, ombres silencieuses, Chaos, Phlégéton, vastes lieux où règne la nuit et le silence, souffrez que je raconte ce que j'ai entendu ; permettez qu'un mortel révèle les secrets ensevelis dans les ténébreux abîmes de la terre.

« Ils marchaient seuls dans la nuit à travers les ténèbres, les demeures désertes de Pluton et ses royaumes vides. Tel, à la clarté douteuse d'un pâle clair de lune, le voyageur chemine à travers les forêts ; Jupiter a enveloppé le ciel d'un voile sombre, et une nuit obscure enlève aux objets leur véritable couleur.

« Devant le vestibule des enfers, et à la bouche même du gouffre de l'Orcus, le chagrin et les remords vengeurs ont établi leur demeure. Là habitent et les pâles maladies, et la triste vieillesse, et la faim mauvaise conseillère, et la honteuse indigence, spectres terribles à voir, et la mort, et le travail, et le sommeil, frère de la mort, et les mauvaises joies du cœur, la guerre meurtrière et les Euménides couchées sur un lit de fer, la discorde insensée, avec sa chevelure de vipères, qu'enlacent des bandelettes tachées de sang... »

... Là s'ouvre le chemin qui mène à l'Achéron, rapide torrent qui vomit en bouillonnant sa fange immonde dans le Cocyte. Ce fleuve est gardé par un vieux nocher d'un aspect hideux, c'est Caron. Une barbe blanche et inculte couvre son visage ; ses yeux sont flamboyants ; de ses épaules tombe retenu par un nœud un sale manteau.

Lui-même dirige sa barque avec l'aviron... Lui-même passe les morts d'une rive à l'autre dans son noir esquif. Il est vieux, mais sa vieillesse est celle d'un dieu, verte et vigoureuse.

Là se précipitait, en se répandant sur la rive, toute la foule des morts. C'étaient des mères, des époux, les vaines ombres des héros magnanimes privés de la vie, des enfants, des vierges qui avaient été moissonnées avant d'être mariées, des jeunes gens mis au bûcher sous les yeux de leurs parents, aussi nombreux que les feuilles qui tombent dans les forêts aux premiers froids de l'automne, ou que les oiseaux voyageurs qui, venant de la haute mer, s'abattent par milliers sur la terre aussitôt que les frimas les chassent par delà les eaux, où ils vont chercher de plus doux climats.

Les premiers arrivés sur le bord du fleuve étaient là demandant à passer et tendant les mains en implorant l'autre rive ; mais le triste nocher reçoit dans sa barque tantôt ceux-ci, tantôt ceux-là, et, repoussant les autres de son aviron, il les chasse loin du rivage.

Étonné de ce mouvement tumultueux des ombres, Énée dit à la Sibylle : « Pourquoi l'empressement de cette foule vers le fleuve ? Que demandent toutes ces âmes ?... » La Sibylle lui répondit en peu de mots : « Fils d'Anchise, tu vois le fleuve profond du Cocyte, et les eaux dormantes du Styx, par lequel les dieux redoutent de jurer et qu'ils n'attestent jamais en vain. Toute cette foule que tu vois est celle des morts qui n'ont pas reçu les honneurs de la sépulture ; ce nocher, c'est Caron ; ceux qu'il reçoit dans sa barque ont été ensevelis. Il n'est pas permis aux premiers de franchir ces rivages avant que leurs os aient reposé dans le tombeau. Ces ombres errent pendant cent ans, et voltigent autour de ces bords. Au bout de ce temps, elles sont admises dans la barque et elles atteignent la rive désirée... »

Énée et la Sibylle poursuivent leur route et s'avancent vers le fleuve. A peine des bords du Styx le nocher les a-t-il aperçus au loin, cheminant à travers les bois silencieux et portant leurs pas vers la rive, qu'élevant le premier la voix, il gourmande le héros : « Qui que tu sois qui t'avances en armes jusqu'aux rives de notre fleuve, dis pourquoi tu viens, et arrête ici tes pas. C'est ici le séjour des ombres, l'empire du sommeil et de la nuit. Il m'est défendu de recevoir des vivants dans ma barque. Je n'ai pas eu à me réjouir autrefois d'avoir reçu Alcide, Thésée, Pirithoüs, tout enfants des dieux et invincibles qu'ils étaient... »

La Sibylle calme la colère du vieillard, en lui annonçant qu'Énée va voir son père Anchise et en lui présentant le rameau d'or qu'il a cueilli sur les bords de l'Averne.

Caron les fait passer à l'autre bord du fleuve. Là se font entendre des voix plaintives et de grands vagissements. Ce sont les ombres des enfants qui pleurent au seuil de l'enfer ; privés de la douce lumière, et ravis en naissant au sein maternel, un sort funeste les avait enlevés à la vie et plongés dans la nuit prématurée de la mort. Près d'eux sont les hommes qu'un arrêt injuste a condamnés à mourir... Non loin de là sont les tristes ombres de ceux qui, sans être coupables, ont tourné contre eux le fer homicide, et qui, ayant pris la lumière en dégoût, ont rejeté leur âme. Qu'ils voudraient maintenant supporter sous la voûte éthérée la pauvreté et les plus durs travaux ! Mais le destin s'y oppose ; l'affreux Cocyte les enchaîne dans ses tristes ondes, et le

Styx, neuf fois se repliant sur lui-même, les tient emprisonnés.

Non loin de là s'étend une plaine immense : c'est le champ des pleurs, c'est le nom qu'on lui donne. Là ceux que le dur amour et ses poisons cruels ont consumés errent dans de secrets asiles ; une forêt de myrtes les entoure et leur prête son ombrage. Enée aperçoit dans ces lieux Phèdre, Procris, Evadné, Pasiphaé et la Phénicienne Didon, encore sanglante de son horrible blessure...

Ils reprennent leur route et ils arrivent dans d'autres lieux reculés des enfers, vers ces secrets asiles qu'habitent les guerriers illustres. Là Enée voit venir à lui Tydée, le vaillant Parthénopée et l'ombre du pâle Adraste. Là étaient les Troyens tant pleurés sur la terre, et que la guerre avait moissonnés...

Enée, ému de compassion, s'entretient avec ces ombres illustres ; mais la Sibylle le presse de partir, et le conduit à un carrefour, où se présentent deux voies. Celle de droite conduit au palais de Pluton et aux champs Elysées, l'autre mène au Tartare.

Tout à coup, Enée regarde derrière lui et aperçoit une vaste forteresse flanquée d'une triple muraille ; le Phlégéthon, rapide torrent, l'entoure de ses ondes enflammées et roule avec fracas des débris de rochers.

L'enceinte est fermée par une porte immense, que soutiennent des colonnes de diamant... Sur le seuil est assise Tisiphone, couverte d'une robe ensanglantée, dont elle relève les plis. Là, jour et nuit elle veille, et jamais elle ne ferme sa paupière. De là partent des voix gémissantes, les cruels sifflements des fouets, d'affreux bruits de fer et de chaîne traînés. Enée s'arrête épouvanté, et il demande quels sont ces criminels, quelles peines les accablent, d'où viennent ces clameurs lamentables... Radamanthe, lui répond Tisiphone, étend son dur empire sur ces lieux ; elle châtie les coupables et les force chacun à avouer les forfaits cachés, dont ils ont vainement joui sur la terre et dont ils ont différé l'expiation jusqu'à l'heure tardive de la mort. Aussitôt, Tisiphone, armée d'un fouet vengeur, frappe les condamnés en insultant à leur douleur ; et de la main gauche, agitant devant eux ses terribles serpents, elle appelle à son aide l'effroyable cohorte de ses sœurs.

En ce moment, les portes sacrées du Tartare s'ouvrirent en tournant sur leurs gonds avec un bruit épouvantable... Là sont ceux qui ont haï leurs frères pendant la vie ; ceux qui ont frappé leurs pères ; ceux qui ont entassé des richesses et qui n'en ont point réservé une part pour leurs proches ; ceux qui ont été tués pour crime d'adultère ; ceux qui ont suivi des drapeaux impies et qui n'ont pas craint de trahir la foi jurée à leurs maîtres : tous enfermés dans ce lieu attendent leur supplice. Ne me demande point, dit la Sibylle, les formes infinies du châtiment et tout cet abîme de misères. Les uns roulent un énorme rocher ; d'autres, attachés aux rayons d'une roue qui les emporte, y demeurent suspendus ; là est assis pour jamais sur la pierre l'infortuné Thésée, et le plus malheureux de tous, Phlégyus, qui, élevant sa grande voix dans l'ombre du Tartare, atteste la justice des dieux, et crie aux mortels instruits par son supplice : « Apprenez, par mon exemple, à n'être point injustes et à ne pas mépriser les dieux. »

Celui-ci a vendu sa patrie et lui a imposé un tyran ; celui-là, pour de l'or, a fait et défait les lois. Ce père incestueux est entré dans le lit de sa fille et s'est souillé d'un abominable hymen ; tous ces coupables ont osé d'énormes forfaits. Eussé-je cent bouches et cent langues, avec une voix de fer, je ne pourrais jamais te décrire tous ces crimes, compter tous ces supplices...

En parlant ainsi, ils arrivèrent dans des lieux charmants ; c'étaient de frais bocages, des bois délicieux, de fortunées demeures. Là un air plus pur est répandu sur les campagnes et les revêt d'une lumière pourprée ; ces beaux lieux ont aussi leur soleil et leurs astres.

Parmi ces ombres bienheureuses, les unes sur le gazon verdoyant s'exercent en se jouant à des luttes innocentes ; les autres formant des chœurs frappent la terre en cadence, et chantent des vers. Le prêtre de la Thrace, le divin Orphée, revêtu d'une longue robe, fait résonner sur des tons divers les sept cordes de sa lyre, y promenant tantôt ses doigts légers, tantôt un archet d'ivoire.

Là est l'antique et belle race de Teucer ; là ces héros magnanimes, Ilus, Assaracus et Dardanus, le fondateur de Troie...

Enée, portant ses regards à droite et à gauche, vit d'autres ombres qui goûtaient sur l'herbe la joie des festins, et qui chantaient en chœur l'hymne d'Apollon.

Elles étaient couchées au milieu d'un bois odoriférant de lauriers, où vient tomber, en roulant ses eaux abondantes, un divin Éridan. Là étaient ceux qui ont reçu des blessures en combattant pour leur patrie ; les prêtres qui furent chastes tant qu'ils vécurent ; les poètes pieux, qui ont chanté des vers dignes d'Apollon ; ceux qui ont embelli la vie en inventant les arts ; ceux qui par leurs bienfaits ont mérité de vivre dans la mémoire des hommes. Tous ont les tempes ceintes d'une bandelette blanche comme la neige... Enée aperçoit son père Anchise dans un frais vallon, où sont les âmes qui doivent renaître à la lumière d'en haut.

Après les premières paroles, Énée lui dit :

« Permettez-moi, mon père, permettez-moi de joindre ma main à la vôtre, et ne vous dérobez pas à mes embrassements. » En disant ces mots, les larmes inondaient son visage. Trois fois, il veut, dans un tendre effort, embrasser son père ; trois fois, l'ombre, vainement saisie, échappe à ses mains, pareille au vent léger ou aux fantômes impalpables des songes.

Cependant, Énée voit dans une vallée profonde un bocage solitaire, entremêlé d'arbrisseaux murmurants, et le fleuve du Léthé qui coule près de ces demeures tranquilles.

Sur les bords de ce fleuve, voltigeaient des nations et des peuples sans nombre. Ainsi, par un jour serein d'été, les abeilles dans les prairies se pressent sur mille et mille fleurs, se répandent sur les lis blancs, et toute la plaine résonne de leur murmure. Ce spectacle frappe Énée de stupeur, et, dans son ignorance, il demande à son père quel est ce fleuve et quelles sont ces ombres qui remplissent le rivage de leur foule tumultueuse.

Alors Anchise : « Ce sont les âmes qui, par la loi du destin, doivent animer d'autres corps. Elles sont rassemblées sur les bords du Léthé, elles en boivent les eaux calmantes et avec elles le long oubli des choses passées... » « O mon père, est-il croyable que ces âmes prennent d'ici leur vol vers les hautes régions de la lumière et qu'elles retournent une seconde fois dans des corps grossiers ? Quel amour insensé ont-elles donc de cette misérable vie ? » « Je vais te le dire, ô mon fils, reprit Anchise. » Et il lui dévoila cette grande succession des choses.

« Dès le principe, une âme pénètre et soutient le ciel, la terre, la plaine liquide, le globe brillant de la lune, et les astres qui décrivent leur orbite autour du soleil ; répandu dans toutes les parties de ce grand corps, cet esprit en fait mouvoir la masse et lui donne la vie. De là viennent les hommes, les animaux, l'espèce entière des oiseaux et des monstres que la mer nourrit dans son sein. Tous tiennent du ciel le principe de leur être, et ont en eux une vive étincelle du feu éthéré ; mais la matière corruptible l'opprime bientôt, et elle s'émousse au contact des corps terrestres qu'elle anime. De là les passions, la crainte, les désirs, la douleur et la joie, tant que les âmes enfermées dans les ténèbres et dans l'obscure prison des corps ne voient pas la pure lumière. Et même au dernier jour, quand la vie les a abandonnées, elles n'ont pas rejeté hors d'elles tout reste de misères et toutes les souillures qu'elles retiennent des corps, et il est nécessaire que beaucoup de ces vices impurs subsistent longtemps en elles, et achèvent de s'y invétérer ; ici donc le châtiment les éprouve, et elles expient par des supplices divers leurs anciens crimes. Les unes, suspendues dans les airs, sont le jouet des vents ; les autres, plongées dans un vaste gouffre, s'y purifient de leurs souillures criminelles, ou s'épurent dans le feu. Chacune de nos âmes souffre ici sa peine.

« De là nous passons dans le vaste Élysée ; mais c'est le petit nombre qui habite ces campagnes charmantes.

« Enfin, après de longs jours, et lorsque le temps marqué pour l'épreuve a achevé d'effacer des âmes l'empreinte invétérée de leurs désordres, elles redeviennent de simples et pures essences éthérées, un feu subtil et céleste.

« Après mille ans révolus, un Dieu les appelle toutes, et conduit leur foule immense vers le Léthé, afin qu'ayant bu l'oubli dans ses eaux, elles aillent revoir la voûte des cieux, et que le désir leur vienne de retourner dans de nouveaux corps. »

Nous avons cru devoir citer presque en entier ces vers magnifiques du chantre rival d'Homère, parce qu'ils résument assez exactement les croyances populaires d'Athènes et de Rome au sujet de la vie future.

On peut se demander seulement si Virgile croyait à ces fables puériles que l'imagination brillante des poètes de la Grèce avait créées ou embellies des grâces de la poésie, à Cerbère, à Caron le nocher du Styx, à l'obole que l'on mettait sous la langue des morts, afin d'obtenir le passage du fleuve; à Tisiphone, frappant de son fouet jusqu'au sang les coupables, ombres impalpables qui faisaient retentir le Tartare de leurs gémissements. Croyait-il à Ixion avec sa roue qui tournait toujours; à Tantale mourant de faim et ayant à sa portée des fruits délicieux qui le fuyaient chaque fois qu'il voulait les atteindre; aux Danaïdes condamnées à remplir un tonneau percé par le fond; à Pluton, à Proserpine, etc.? Croyait-il enfin à ces champs Élysées, où les *ombres heureuses* se livraient sur le gazon à des luttes innocentes, tandis que d'autres prenaient part à de joyeux festins et chantaient des hymnes en l'honneur d'Apollon? Il est probable que le chantre de l'*Enéide*, comme les Romains éclairés de son temps, croyait peu à ces fables ridicules, et qu'en exposant en beaux vers ces tableaux de la vie future, il a cherché avant tout à produire les plus beaux effets poétiques; il faut avouer qu'il a parfaitement réussi, et ce sixième chant de l'*Enéide* et le second rempli des amours d'Énée et de Didon suffiraient seuls pour mettre Virgile au rang des plus grands poètes.

Dans cette société romaine qui était en voie de décadence, le peuple seul était resté attaché à ses vieilles superstitions. Les classes élevées appartenaient à l'épicurisme et au stoïcisme; c'est de l'école du Portique que relevaient les plus grands hommes et les plus grands écrivains de Rome : Cicéron, platonicien et stoïcien en même temps; Caton d'Utique, Brutus Junius, Thraséas, Épictète, Marc-Aurèle, Sénèque le philosophe. S'ils rejetaient les fables du paganisme, ils croyaient tous en Dieu et à l'immortalité de l'âme, sans pouvoir toutefois se prononcer sur la véritable destinée de l'âme après la mort.

Nous avons déjà parlé de l'opinion de Cicéron, au

sujet du dogme de l'existence de Dieu et de l'immortalité de l'âme. Nous avons peu de chose à dire des écrits de Sénèque, de Marc-Aurèle, d'Epictète. Ils ont trait presque exclusivement à la morale qu'avaient en but surtout les stoïciens. Quant aux idées de la vie future, elles y sont à peine exprimées, mais on sait qu'elles étaient celles du Portique. Ces grands hommes croyaient à un Dieu suprême, unique, tout-puissant, présent partout, mais qu'ils confondaient avec le monde matériel. A la dissolution du corps, ce dernier était rendu à la terre, et l'esprit rentrait au sein de la divinité, d'où il était sorti.

Marc-Aurèle. — « Tu as subsisté comme partie d'un tout, dit Marc-Aurèle (1), ce qui t'avait produit t'absorbera, ou, pour mieux dire, tu seras reçu par un changement dans le sein fécond du père de la nature. Ce qui est venu de la terre retourne à la terre, mais ce qui avait une céleste origine retourne dans les cieux, dit un poète. Celui qui redoute la mort craint ou d'être privé de sentiment ou d'en avoir d'une autre sorte; mais au premier cas, il n'aura point de mal, et au second, il sera autrement animé. Il ne cessera pas de vivre. »

Et ailleurs, il affirme que l'esprit seul constitue l'homme, et que le corps n'en est qu'un vêtement corruptible et mortel. Il ajoute : « Tout ce qui est corporel va très vite se perdre dans la masse de la matière. Tout ce qui agit comme cause est repris très vite par le principe de toute activité dans l'univers. »

Epictète. — Ces idées étaient aussi celles d'Epictète, philosophe stoïcien, d'Hiérapolis en Phrygie, esclave d'Epaphrodite, qui mourut sous Marc-Aurèle, dans un âge fort avancé. Il a laissé un Manuel, consacré entièrement à la morale. Comme Marc-Aurèle, il recommande

---

(1) *Pensées de Marc-Aurèle.*

l'obéissance à Dieu, la résignation dans les maux de la vie, la patience ; quoique stoïcien, il fait le plus grand éloge de Socrate, et il le propose pour modèle.

Comme le chef du Portique, il croyait qu'à la mort, le principe actif qui animait l'homme revenait se mêler à l'âme de l'univers. C'était une sorte d'immortalité, car rien ne périt dans la nature ; mais la personnalité était détruite ou modifiée.

Sénèque. — Sénèque, né à Cordoue, en Espagne, suivit d'abord la carrière du barreau ; ayant encouru la disgrâce de Caligula, il ouvrit à Rome un cours de philosophie, où se pressa la jeunesse romaine. Plus tard, il devint précepteur et puis ministre de Néron. Accusé d'avoir conspiré contre ce prince, il fut condamné à se faire ouvrir les quatre veines, et mourut ainsi la 65ᵉ année de Jésus-Christ, à l'âge de 62 ans.

Ce philosophe appartenait aussi à la secte stoïcienne, et on lui doit de nombreux écrits, qui traitent tous de la morale. Dans une de ses épîtres à Lucilius, il traite incidemment de l'immortalité de l'âme :

« L'esprit de l'homme, dit-il (1), est quelque chose de grand et de généreux qui ne souffre point d'autres bornes que celles qui sont communes avec Dieu ; il ne reconnaît pour sa patrie aucun endroit ici-bas, soit Éphèse, Alexandrie, ou quelque autre lieu plus spacieux et plus habité. Sa véritable patrie est l'enceinte de tout cet univers, et cette voûte qui enferme les mers et les terres, où l'air unit, sans le confondre, ce qui est mortel avec ce qui est divin, où tant d'intelligences sont rangées pour y exercer leurs fonctions. De plus, il ne veut pas qu'on lui donne un terme si court ; tous les âges, dit-il, m'appartiennent... Le jour étant venu qui doit séparer ce qu'il y a chez moi de mortel et de divin, je

---

(1) Lettre cii à Lucilius, œuvres complètes (édition Nisard).

laisserai ce corps où je l'ai trouvé, et je m'en retournerai en la compagnie des dieux.

« Je n'en suis pas, à cette heure, entièrement privé ; je suis seulement retenu par la pesanteur de la matière.

« Ce séjour mortel est comme un prélude d'une meilleure et plus longue vie. Comme le sein de notre mère nous retient neuf mois enfermés, afin de nous préparer, non pour lui, mais pour le lieu où il nous envoie lorsque nous sommes capables de respirer l'air et de rester à découvert, ainsi, depuis le bas âge jusqu'à la vieillesse, nous demeurons dans le sein de la nature, pour être enfantés à une autre vie et à un état plus avantageux qui nous attend.

« Nous ne pouvons encore souffrir le ciel ni ses étoiles brillantes qu'à une longue distance ; regardez donc sans crainte cette heure fatale, qui est la dernière du corps, mais non la dernière de l'âme.

« Considérez tous les biens qui vous environnent comme les biens d'une hôtellerie où vous passez ; il faut déloger après un court séjour, et la nature fouille ceux qui sortent comme ceux qui entrent. Il n'est pas permis d'emporter davantage que l'on en a emporté. Il faut même en quitter une bonne partie.

« On vous ôtera cette peau dont vous étiez revêtu ; on vous ôtera cette chair et ce sang qui se répand dans tous vos membres ; enfin, on vous ôtera jusqu'aux os et aux nerfs qui soutiennent votre charpente.

« Le jour que vous appréhendez comme le dernier de votre vie est celui de votre naissance pour l'éternité.

« ... Vous soupirez, vous pleurez. Quand vous naquîtes, vous pleuriez aussi ; mais on vous le devait pardonner, car vous n'aviez encore aucune connaissance. Étant sorti des entrailles de votre mère, où vous étiez comme dans une étuve, vous fûtes exposé à un air froid, et, tout tendre et ignorant que vous étiez, vous demeurâtes étonné, parmi des choses que vous ne connaissiez pas. Maintenant, vous ne devez pas être étonné d'être séparé de ce dont vous faisiez auparavant partie. Laissez librement des membres qui ne vous servent plus de rien. Abandonnez ce corps, où vous n'habitez que depuis peu de temps...; défaites-vous de tout ce qui n'est pas nécessaire, et commencez à prendre des pensées plus relevées. Les secrets de la nature vous seront un jour révélés. Les ténèbres seront dissipées, et la lumière vous environnera de tout côté.

« Imaginez-vous quelle clarté produiront tant d'astres qui mêleront leurs lumières ensemble. Il n'y aura point de nuages qui troublent la sérénité de ce beau ciel. Il sera partout également lumineux, puisque le jour et la nuit ne sont faits que pour la terre.

« Vous direz alors que vous avez vécu dans les ténèbres...; cette pensée doit éloigner de notre âme tout ce qui est bas, sordide et criminel; elle nous dit que les dieux sont témoins de toutes nos actions, que nous devons avant tout rechercher leur approbation, nous préparer pour le ciel, nous proposer une éternité bienheureuse. »

Parmi les philosophes grecs ou romains qui ont traité de la morale, de l'existence de Dieu et de l'immortalité de l'âme, nous devons distinguer et placer aussi au premier rang Plutarque.

PLUTARQUE. — Ce grand écrivain, le plus célèbre des biographes et auteur d'une foule de traités de morale, naquit, on le sait, à Chéronée, petite ville de la Béotie. Il étudia à Athènes, et s'attacha à la philosophie de Platon, qu'il appelle, dans ses écrits, un homme divin. On peut juger, d'après les passages suivants, de ses idées sur l'existence de Dieu et sur l'immortalité de l'âme.

« Dieu, dit-il, est nécessairement, et son existence est hors du temps. *Seul il est;* son existence est l'éternité, et, par la raison qu'il est, il est véritablement. On ne peut pas dire de lui qu'il a été, qu'il sera, qu'il a eu un commencement et qu'il aura une fin.

« ... Il n'y a pas plusieurs dieux; il n'y en a qu'un seul, et ce Dieu n'est pas, comme chacun de nous, un composé de mille passions différentes... Ce qui est par essence ne peut être qu'un, et ce qui est un ne peut pas ne point exister.

« S'il y avait plusieurs dieux, l'existence en serait différente, et cette diversité produirait ce qui n'a pas une véritable existence...

« Afin de nous former ici-bas, comme dans la plus belle des visions, une juste idée de ce Dieu, donnons l'essor à nos esprits et élevons nos pensées au-dessus de tout ce que la nature renferme. Quant aux émanations de ce Dieu hors de lui-même, à ces changements par lesquels il devient feu, terre, mer, animal ou plante, c'est une impiété que de l'entendre (1)... »

Dans son *Traité de la Justice divine* (2), où il établit un dialogue avec ses amis, Olympiacus l'interrompt et lui dit : « Vous supposez un point de doctrine bien sujet à discussion, l'immortalité de l'âme. » « C'est un point, lui dis-je, que vous ne me contestez pas, ou plutôt que vous m'avez déjà accordé. »

« Tout ce que nous avons dit jusqu'ici a eu pour base cette supposition que Dieu nous traite chacun selon son mérite. »

« Eh ! quoi ! répliqua-t-il, de ce que Dieu a l'œil ouvert sur les actions des hommes, et donne à chacun ce qui lui est dû, vous concluez que nos âmes sont immortelles, ou du moins qu'elles subsistent un certain temps après notre mort ? »

---

(1) *Œuvres morales de Plutarque,* t. I.
(2) *Œuvres morales, Traité de la Justice divine,* t. III, page 32.

« Non, lui dis-je ; mais Dieu n'est pas assez minutieux ni assez désœuvré pour donner ses soins à des hommes qui n'auraient rien de divin, de solide et de durable, rien qui les rendît semblables à lui, à des hommes qui seraient, selon l'expression d'Homère, comme les feuilles qui se flétrissent et se dessèchent en peu d'instants... Mais voulez-vous que, sans nous arrêter aux autres dieux, nous ne parlions que de celui qu'on adore dans ce temple ? Est-ce parce qu'il sait que les âmes périssent aussitôt après la mort et se dissipent comme un nuage ou comme une fumée, qu'il prescrit pour les morts un si grand nombre de sacrifices, qu'il exige qu'on leur rende tant d'honneurs funèbres et qu'il se joue ainsi de la crédulité des mortels ? Pour moi, je ne renoncerai jamais à la doctrine de l'immortalité de l'âme... La Providence divine et l'immortalité de l'âme sont établies sur les mêmes preuves. Chercher à détruire une de ces vérités, c'est vouloir anéantir l'autre ; mais, puisque l'âme existe après la mort, il est vraisemblable qu'elle reçoit alors les récompenses ou les peines qui lui sont dues. La vie a été pour elle un temps de combat, et, ses travaux étant terminés, on lui décerne ce qu'elle a mérité... »

Dans un fragment sur l'immortalité de l'âme (1), Plutarque ajoute : « On se sert, pour exprimer la mort, d'un terme (2) qui fait entendre que l'âme, après la mort, va se rejoindre au grand tout, ce qu'elle ignore tant qu'elle vit, et ce que la mort seule peut lui apprendre.

« Mourir, c'est être initié aux grands mystères... Toute notre vie n'est qu'une suite d'erreurs, d'écarts pénibles, de courses immenses, par des chemins obscurs et dangereux.

« Au moment de la quitter, les craintes, les terreurs,

---

(1) *Œuvres morales*, t. III, page 52.
(2) Le terme grec est ὀλωλέναι, formé d'ὅλος, tout, et ἰέναι, aller.

les frémissements, les sueurs mortelles, un engourdissement léthargique viennent nous assaillir ; mais, dès que nous en sommes sortis, une lumière admirable brille à nos yeux.

« Nous passons dans des prairies délicieuses, où l'on respire l'air le plus pur, où les concerts, les entretiens les plus saints et les plus vertueux concourent à notre bonheur.

« C'est là que l'homme, devenu parfait par sa nouvelle initiation, rendu à la liberté et vraiment maître de lui-même, célèbre couronné de fleurs les plus augustes mystères, converse avec des âmes justes et pures et voit avec mépris la troupe profane de ceux qui, plongés dans la boue, se pressent et s'entassent sur la terre, ce séjour de misère, où la retiennent la crainte de la mort et le peu de foi dans le bonheur de l'autre vie ; car, je le répète, c'est contre sa nature que l'âme est unie et comme attachée au corps... »

CHAPITRE XII

AVÈNEMENT DU CHRISTIANISME ; SES MYSTÈRES, SES DOGMES. LA CROYANCE A LA VIE FUTURE.

Pendant que la société romaine marchait rapidement vers la décadence ; que la religion et l'amour de la patrie, qui avaient fait faire tant de grandes choses dans les beaux temps de la République et suscité tant d'héroïsme, s'affaiblissaient dans les âmes ; qu'un luxe effréné, entretenu dans les classes élevées par les dépouilles de toutes les nations que la conquête avait accumulées, abaissait les caractères, et que les bonnes mœurs se perdaient de plus en plus ; enfin, pendant que le monde romain se dépeuplait par la triple cause des guerres civiles, des proscriptions, de l'envahissement des grandes propriétés, et l'abandon de la culture..., un grand événement, qui devait régénérer les sociétés humaines et changer la face du monde, avait lieu dans la Judée, petit pays que les Romains dédaignaient et où ils avaient établi un gouverneur.

Annoncé par les patriarches, prédit par les prophètes, le Christ naissait à l'époque qu'ils avaient fixée, dans une petite ville de l'ancien royaume de Juda, appelée Bethléem. Il appartenait à une famille pauvre, issue en ligne directe des anciens rois d'Israël.

Après trente années d'une vie humble et cachée dans une bourgade de la Galilée, il avait commencé à prêcher sa doctrine dans toute la Judée, multipliant les miracles pour prouver la vérité de sa mission, guérissant les malades par sa parole et annonçant le royaume du ciel pour ceux qui auraient cru en lui et pratiqué la vertu.

Comme il l'avait prédit longtemps à l'avance, il avait été crucifié par les Juifs et avait ressuscité le troisième jour. Ses nombreux disciples, témoins de sa vie miraculeuse et instruits par ses préceptes, s'étaient répandus dans tout l'univers, et avaient prêché partout l'évangile ou la bonne nouvelle, et la religion du Christ, malgré l'obscurité de ses mystères, malgré la sévérité de sa morale, s'était répandue avec une rapidité qui tenait du prodige.

Sa morale, en effet, était la plus pure qu'on eût prêchée aux hommes. Les religions anciennes, comme nous l'avons vu, avaient divinisé toutes les forces de la nature et autorisé tous les vices ; l'Egypte, la Phénicie, la Grèce avaient eu une mythologie très compliquée, mêlée de fables grossières ou puériles, et avaient adoré une multitude de dieux. Rome, qui avait conquis tant de peuples, avait adopté toutes leurs divinités et leur avait élevé un temple qu'on appelait le Panthéon.

Ces dieux du paganisme, nous l'avons vu, personnifiaient la plupart des passions humaines. On adorait une Vénus impudique, un Bacchus, dieu des buveurs ; il y avait un dieu pour les voleurs, c'était Mercure ; Priape lui-même avait des autels. « Tout était Dieu, a dit Bossuet, excepté Dieu lui-même. »

Pendant que le peuple adorait ces divinités bizarres et avait encore foi aux fables les plus ridicules, les philosophes, dont l'esprit ne pouvait se contenter de cette religion informe, dissertaient sur la nature, sur Dieu, sur l'âme, sur les destinées de l'homme, sur la vie future, etc...

Mais leurs systèmes n'exerçaient quelque influence que sur les classes élevées de la société payenne. C'étaient, nous l'avons vu, le platonisme, la doctrine d'Épicure, celle du Lycée ou d'Aristote, le stoïcisme. Ces philosophies, qui s'étaient divisées en une foule de sectes, étaient d'ailleurs impuissantes à régénérer le monde romain et à lui rendre le mouvement et la vie.

Le stoïcisme avait formé quelques grands hommes, et, malgré ses contradictions, avait essayé de réagir contre les doctrines dissolvantes du matérialisme épicurien. Il avait proclamé l'action de la Providence, la nécessité de vaincre ses passions ; il avait recommandé l'abstinence, la tempérance, la patience, la résignation dans les maux de la vie, et en général la pratique des principales vertus, résumées dans ce précepte : *Sustine, abstine*.

Mais, outre que les doctrines du Portique manquaient de sanction, le panthéisme vague qui était au fond de ce système, l'absence de culte, ses idées sur la vie future ne l'avaient fait adopter qu'à un petit nombre d'êtres privilégiés. L'hellénisme n'avait pu aller plus loin.

Au milieu de ce chaos de doctrines contradictoires

et lorsque les peuples écrasés par la main de fer des conquérants romains gémissaient dans l'attente d'un sauveur, le Christ avait apparu et avait relevé les âmes de l'abjection où elles vivaient depuis des siècles.

Il avait donné au monde une religion positive, qui excluait et faisait rentrer dans le néant et les systèmes des philosophes et les fables absurdes de la mythologie payenne.

Il prêchait un Dieu unique, souverainement puissant, souverainement bon, souverainement parfait, créateur de l'univers et directeur de tout ce qui existe. Il recommandait le renoncement à soi-même, le pardon des injures, la pratique du jeûne, de l'abstinence, de la charité, de l'aumône ; il proclamait bien haut le dogme de la fraternité des hommes, tous issus du même père, la nécessité du baptême pour être régénérés à la foi nouvelle, celle de la pénitence et de la confession des péchés pour en obtenir le pardon, l'indissolubilité du mariage, etc...

Il admettait l'immatérialité de l'âme et sa persistance après la mort, la résurrection des corps, le jugement, la condamnation des méchants et la récompense des bons, qui devaient jouir dans le paradis d'un bonheur qui n'aurait pas de fin.

Quoique la religion du Christ ait été en butte à beaucoup d'hérésies, qu'une foule de sectes se soient formées dans son sein, le dogme de la vie future s'est conservé jusqu'à nos jours à quelques variations près, que nous ferons connaître.

Nous reviendrons plus loin sur ce sujet important, sur ce dogme de l'immortalité de l'âme, dont Dieu s'est réservé le secret, et nous exposerons, en suivant l'ordre des temps, les opinions des auteurs les plus remarquables des siècles postérieurs à l'établissement du christianisme, qui ont écrit sur cette matière, et dont le jugement peut avoir pour nous un grand intérêt. Mais auparavant nous devons compléter cette revue rapide par l'examen des idées religieuses de quelques peuples de l'Asie, de l'Afrique, de l'Amérique et de l'Océanie ; nous verrons que ces superstitions, de quelques fables ridicules qu'elles soient mêlées et à quelques pratiques bizarres qu'elles donnent lieu, sont unanimes cependant sur un point, et s'accordent à reconnaître que l'âme humaine existe après la mort et qu'il y a une récompense pour les bons et une punition pour les méchants.

C'est de ce consensus universel, que ni le spectacle de l'univers, ni l'étude de la nature et de ses lois n'ont pu suggérer à l'homme, mais qui est, comme nous l'avons dit ailleurs et comme Platon l'affirme, le fruit naturel de notre constitution pensante et une idée que nous apportons en naissant, que nous tirerons, à l'exemple des stoïciens, cette conclusion que le matérialisme, qui supprime aveuglement les faits de la conscience, qui mutile l'âme humaine en ne lui laissant des trois éléments qui la composent que la raison et la sensation et ravale l'homme au rang des animaux, est une doctrine erronée, et que les idées de l'existence de Dieu, de l'immortalité de l'âme, de la notion du bien et du mal, que les passions seules peuvent voiler momentanément, sont, au fond, si inhérentes à notre nature, qu'elles ne pourront jamais en être arrachées et, aussi vraies qu'un axiome de géométrie, persisteront jusqu'à la fin.

CHAPITRE XIII

SAINT AUGUSTIN (IV° SIÈCLE)

Au témoignage de l'évangile et de tant de grands hommes que nous venons de citer et qui ont affirmé l'immortalité de l'âme et ont prouvé que le sentiment de l'infini, dont notre âme est le foyer, jure avec les conditions de cette vie mortelle et doit trouver son but et sa satisfaction dans une vie meilleure, joignons l'opinion de saint Augustin, un des plus beaux génies qu'ait produits le christianisme au quatrième siècle, dont la haute intelligence a sondé les problèmes les plus ardus de la philosophie et de la religion, et a inspiré les plus grands écrivains du dix-septième siècle, Bossuet en particulier.

Augustin, après une jeunesse agitée, et après avoir donné dans les erreurs du manichéisme, dut sa conversion à saint Ambroise, évêque de Milan. Revenu à la foi chrétienne, il songea à rentrer dans sa patrie, où il espérait se rendre utile à ses concitoyens en restant fidèle aux croyances qu'il venait d'embrasser.

Accompagné de sa famille et de ses amis, il quitta Milan et se rendit à Ostie, où il passa quelques jours, en attendant que le vent devenu favorable lui permît de s'embarquer. C'est pendant ces journées d'attente, qu'il eut avec sa mère, à une fenêtre d'une maison d'Ostie, dont la vue s'étendait sur des jardins et plus loin sur la mer dont les flots venaient baigner le rivage, un entretien qu'il a raconté et qui peint l'état de ces deux âmes éprises de l'infini, et que rien ici-bas ne pouvait satisfaire.

« Peu de temps avant le jour où ma mère devait quitter ce monde, jour que nous ignorions et que vous seul connaissiez, Seigneur, il arriva, sans doute par l'effet de vos desseins secrets, que nous nous trouvâmes seuls elle et moi appuyés à une fenêtre qui donnait sur des jardins et sur le rivage (1).

« Là, seuls et sans témoins, nous goûtions une ineffable douceur à nous entretenir ensemble ; oubliant le passé et n'envisageant que l'avenir, nous cherchions entre nous quelle devait être cette vie éternelle des saints que l'œil de l'homme n'a pas vue, dont son oreille n'a pas entendu parler et que son cœur ne comprend pas.

« Nous tournions nos cœurs vers vous, et nous les ouvrions avidement à ces eaux célestes dont vous êtes la source vivante, afin qu'après nous en être abreuvés autant que nous pouvions le faire, nous fussions capables de nous élever en quelque mesure à l'intelligence de ce grand mystère.

« Comme nous étions arrivés à cette conclusion que toutes les puissances charnelles, que tous les plaisirs, que toute la splendeur de la vie corporelle ne sont rien auprès des délices de cette autre vie, remplis d'un enthousiasme croissant, nous nous élevâmes plus haut et nous parcourûmes graduellement tous les objets matériels, jusqu'au ciel lui-même, avec le soleil, les étoiles et tous les astres.

« Puis nous nous enfonçâmes encore plus avant dans ces profondeurs, continuant de penser à vous, de parler de vous, d'admirer vos ouvrages. Enfin, nous arrivâmes à nos âmes ; mais nous passâmes encore par-dessus pour atteindre cette région de la plénitude infinie, où vous nourrissez éternellement vos élus de l'aliment de la vérité, où la vie est la sagesse même, où tout ce qui existe puise l'existence, et non seulement tout ce qui existe, mais ce qui a existé, ce qui existera, tandis qu'elle-même

---

(1) Un peintre célèbre, Ary Scheffer, a représenté admirablement cette scène.

n'a pas été faite, mais existe aujourd'hui telle qu'elle a été et sera toujours, puisqu'elle est éternelle. Pendant que nous parlions, en nous élançant avec ardeur vers cette céleste patrie, nous en touchâmes les bords d'un coup d'aile de notre cœur, et, après ces prémices d'une vie spirituelle, nous redescendîmes en soupirant à ces accents de notre bouche, à cette parole humaine, qui ne naît que pour mourir, souffle fugitif, pur néant, Seigneur, auprès de votre Verbe éternel, qui vit en lui-même sans vieillir jamais et qui renouvelle toutes choses.

« Nous disions donc : si une âme pouvait s'élever complètement au-dessus du tumulte de la chair, se délivrer des vains fantômes de la terre, des eaux, de l'air et des cieux, échapper à elle-même en oubliant ses pensées, ses imaginations et ses rêves, et toute langue humaine, et toutes les choses qui commencent et qui finissent, si donc toutes se taisaient, et qu'alors cet être éternel lui parlât lui-même, non par la voix d'une créature, ni même par celle d'un ange ou d'une nuée du ciel, mais directement lui-même, et lui seul, comme en ce moment où le vol de notre pensée nous a élevés à la sagesse suprême et éternelle, et si cet état se continuait, et si cette âme se sentait absorbée dans le bonheur de sa sublime vision, de telle sorte que ce court moment, cet éclair d'intuition après lequel nous avons tant soupiré fût pour elle une vie immortelle, ne serait-ce pas l'accomplissement de cette parole : *Entrez dans la joie du Seigneur* (1) ? »

Peu de temps après cet entretien, la mère d'Augustin s'alitait et succombait à une maladie rapide, qui, dès les premiers jours, ne laissa aucun espoir.

Les paroles de sainte Monique, sa résignation et sa confiance en Dieu, ses élans vers la divinité, laissèrent dans

---

(1) *Confessions.*

l'âme d'Augustin une émotion profonde, qu'il a exprimée en termes éloquents dans plusieurs de ses ouvrages.

Ce dernier entretien au bord de la mer du fils et de la mère sur l'immortalité de l'âme, qu'était-ce autre chose qu'un pressentiment de cette vie future dont celle-ci n'est qu'une ombre, vie d'intimité avec Dieu, qui doit combler nos désirs, nos aspirations ici constamment déçus, et réunir au sein d'un bonheur qui n'aura pas de fin tous ceux qui se sont aimés sur la terre et qui ont en outre aimé Dieu et pratiqué la vertu.

CHAPITRE XIV

DU MAHOMÉTISME

Mahomet, fondateur d'une religion qui s'est répandue dans les plus belles parties du monde et qui compte 200 millions de sectateurs, naquit à la Mecque, ville de l'Arabie, l'an 570 de l'ère chrétienne, d'un père idolâtre et d'une mère juive.

A l'âge de 20 ans, il s'adonna au commerce, et fit partie des caravanes qui faisaient le trajet de la Mecque à Damas. A son retour, il épousa une femme très riche, veuve d'un marchand, et continua le commerce du mari.

Ce n'est qu'à l'âge de 40 ans qu'il commença de jouer le rôle de prophète ; il fit croire à ses proches et à quelques disciples qu'il était inspiré ; les attaques d'épilepsie dont il était atteint n'étaient, selon lui, qu'un trouble des sens occasionné par les visites du Saint-Esprit.

Plusieurs habitants de la Mecque crurent en lui et embrassèrent sa doctrine ; mais il eut à lutter contre les autorités de sa ville natale, qui conspirèrent contre lui et l'obligèrent à s'enfuir à Médine. Cette époque, à laquelle on a donné le nom d'hégire, marque une date mémorable du mahométisme et répond au 16 juillet 622. C'est l'ère des Musulmans.

Cette persécution ne nuisit pas aux affaires du réformateur; elle lui attira, au contraire, de nombreux disciples. Il s'érigea alors en conquérant et en prophète, et, au lieu de gagner les âmes par la prédication et par la douceur, comme le Sauveur du monde, il déclara qu'il voulait imposer sa religion par les armes.

Plusieurs cultes se partageaient le pays de Médine, de la Mecque et des autres parties de l'Arabie. Il y avait des Juifs descendants d'Ismaël ou d'autres que la conquête romaine et la ruine du temple de Jérusalem avaient forcés à émigrer dans ces contrées, des chrétiens oublieux de leur origine et dont les croyances s'étaient altérées au contact des peuples de l'Arabie.

Enfin, le reste des habitants de cette vaste péninsule étaient idolâtres, ils adoraient les divinités cruelles qui leur étaient venues de la Phénicie, et ils leur immolaient des victimes humaines.

Mahomet conçut le projet grandiose de ramener tous les Arabes à une foi unique et de faire de sa patrie le centre d'un vaste empire.

En empruntant à l'ancien Testament et à la religion du Christ plusieurs de ses dogmes et de ses préceptes, en s'inspirant de l'arianisme, religion qui avait fait de grands progrès en Asie et même dans certaines parties de l'Europe, il composa, à l'imitation de Moïse, un code de religion et de législation auquel il mêla ses propres rêveries, livre où se trouvent parfois des passages sublimes, d'excellents préceptes de morale, même d'hygiène, des pages de haute poésie, mais où l'on rencontre des idées bizarres et extravagantes. Cet évangile nouveau, qu'il appela le Koran et qui lui avait été inspiré, disait-il, par le Saint-Esprit, il chercha à l'imposer par les armes, d'abord aux habitants de l'Arabie et puis à toutes les nations voisines.

7

Il fit la guerre aux Juifs, qui étaient nombreux dans l'Arabie, et s'empara de leurs forteresses. Il en fit mourir un grand nombre, vendit les autres comme esclaves et distribua leurs richesses à ses soldats.

Il put rentrer en vainqueur à la Mecque et en fit la capitale de son empire. Il s'empara ensuite de la Syrie et l'enleva à Héraclius, empereur de Constantinople; secondé par ses généraux, il poursuivit ses conquêtes, et tous les États voisins furent obligés d'embrasser la nouvelle religion.

A sa mort, Mahomet était le monarque le plus puissant de l'Orient; mais il ne jouit pas longtemps du fruit de ses conquêtes. Une fièvre violente l'emporta dans la 62e année de son âge, la 11e année de l'hégire, et la 632e de l'ère chrétienne.

On croit que sa mort doit être attribuée au poison qui lui fut donné par une jeune juive nommée Zainab, qui voulait venger la mort de son frère tué en un combat singulier par Ali, lieutenant de Mahomet.

On voit encore son tombeau placé à un angle de la grande mosquée de Médine. C'est une pyramide en pierre, située dans une chapelle dont l'entrée est défendue par de gros barreaux de fer.

Mahomet propagea la religion dont il était le fondateur, non seulement par les armes, mais par le livre dont nous avons parlé, qu'on appelle le Koran, sorte de compilation de l'ancien et du nouveau Testament, composé de six mille vers, et comprenant mêlé à quelques fables puériles, à des contradictions et à quelques anachronismes, l'exposé complet de sa doctrine, dont on peut rendre compte en quelques mots.

Mahomet rejette le mystère de la Trinité, et n'admet qu'un Dieu unique, qui a créé tout l'univers, dont la Providence s'étend partout et dirige tout. Ce Dieu, infiniment bon, infiniment puissant, infiniment juste, récompense la vertu et punit le vice. Dans sa grande miséricorde, il a suscité Mahomet, son prophète, pour détruire l'idolâtrie, imposer par les armes la seule religion vraie, et apprendre aux hommes à être justes afin d'éviter la punition infligée aux méchants et de mériter la récompense promise à ceux qui auront suivi les préceptes du Koran.

Ces préceptes consistent à adorer et à aimer Dieu; à croire à Mahomet, qui est son prophète; à pratiquer la prière, le jeûne, l'abstinence, l'aumône; à croire à la résurrection des morts, au jugement dernier; etc. (1).

Cette religion, prêchée partout à main armée, venant à se substituer au culte des idoles, au judaïsme et à l'arianisme, qui dominaient en Arabie et chez les peuples voisins, par sa simplicité et par la promesse d'un paradis réservé à tous les croyants, où les plaisirs des sens et la possession de femmes d'une grande beauté, les Houris, tenaient la plus grande place, dut séduire les populations presque barbares de l'Arabie et de quelques États limitrophes, et, propagée par les armes, embrassa bientôt une grande partie de l'Orient. L'Afrique septentrionale, l'Égypte, le royaume de Carthage, la Mauritanie, l'Espagne, le midi de la France, furent successivement envahis par les lieutenants des califes, successeurs de Mahomet. L'Europe entière aurait subi le joug de ces nouveaux envahisseurs venus du fond de l'Arabie, si Charles Martel, avec ses Franks, n'eût anéanti leurs légions dans les champs de Poitiers et mis un terme à leurs conquêtes.

Le mahométisme est encore la religion dominante en Afrique, dans la Perse, dans la Turquie d'Asie et dans

---

(1) La religion de Mahomet, outre l'enfer et le paradis, lieux de punition pour les méchants et de récompense pour les bons, admet aussi un purgatoire ou vie intermédiaire.

la Turquie d'Europe; elle a, en outre, de nombreux sectateurs dans l'Inde, dans la Chine, au Thibet, etc. Elle ne compte pas moins de deux cents millions d'âmes.

CHAPITRE XV

L'IMMORTALITÉ DE L'AME CHEZ LES GAULOIS.

Avant de revenir aux dogmes du christianisme et aux croyances religieuses des diverses sectes qui se sont formées dans son sein, pour compléter cette revue, nous devons jeter un coup d'œil sur les religions plus ou moins informes des peuples sauvages de l'ancien et du nouveau monde, et les comparer à celles des nations plus civilisées de l'Inde, de l'Egypte, de Rome et de la Grèce.

Les peuples les plus anciens de la Gaule dont l'histoire fasse mention sont les Celtes, qui vinrent s'établir dans cette contrée environ 2,000 ans avant Jésus-Christ; les indigènes n'avaient d'autre culte que le fétichisme grossier qui était propre aux peuples du Nord, entre autres à ceux de la Scandinavie. Ils lui substituèrent les dieux de la péninsule hellénique, mais dont les noms n'étaient pas les mêmes.

Une seconde invasion eut lieu dans la Gaule plusieurs siècles après. Ce fut celle des Kimris, qui, partis du Pont-Euxin, arrivèrent dans cette contrée 700 ans avant Jésus-Christ. Ils firent une guerre d'extermination aux Celtes et les refoulèrent au Sud et à l'Est.

Ils apportaient une religion plus épurée, le druidisme, sorte de panthéisme qui avait quelque analogie avec les religions de l'Inde. Leurs prêtres, appelés druides, jouissaient d'une grande autorité; ils proclamaient l'éternité de la matière et de l'esprit; ils prêchaient la foi à un autre monde, le dogme de la transmigration des âmes ; ils multipliaient les sacrifices humains pour apaiser la colère des dieux et pour se les rendre favorables. Ces sacrifices étaient d'ailleurs en usage dans la plupart des religions de l'antiquité, comme ils le sont encore chez les nations barbares de l'Afrique (1).

Ils n'avaient ni temples, ni images de la divinité ; ils supposaient qu'elle errait dans les forêts, au milieu des vents et des tempêtes ; c'est en plein air, sur les grèves solitaires de l'Océan, ou au sein des sombres forêts, qu'ils célébraient leur culte et offraient à leurs divinités barbares des sacrifices humains.

Des pierres énormes en forme de tables, appelées dolmens, et que l'on trouve debout après tant de siècles en Bretagne et dans d'autres localités, étaient les autels où on célébrait ces mystères sanglants.

Le gouvernement des Gaulois était alors une sorte de théocratie. Les prêtres conservèrent leur pouvoir pendant plus de 400 ans ; les chefs de clan le leur arrachèrent enfin, et il ne leur resta que leur influence morale et intellectuelle.

Le druidisme ne persista pas moins jusqu'à l'époque de l'invasion romaine. Le dogme de la transmigration des âmes et de la vie future, que les prêtres leur enseignaient, inspirait le courage des Gaulois et leur faisait mépriser la mort. Ces idées, jointes au patriotisme dont ils firent preuve pendant la guerre des Gaules, les rendirent redoutables aux conquérants ; aussi le druidisme fut-il persécuté par les empereurs romains jusqu'au moment où ces vieilles croyances furent remplacées par le christianisme.

(1) Il en était ainsi dans la Grèce antique, à Carthage, au Mexique, au Pérou, etc.

CHAPITRE XVI

L'IDÉE DE LA VIE FUTURE CHEZ LES PEUPLES DU NORD DE L'EUROPE : GERMAINS, SCANDINAVES, BRETONS.

C'est dans les Eddas, recueil le plus ancien des poèmes scaldes, et dans un de ces poèmes, la *Voluspa*, que l'on peut chercher des notions de l'ancienne religion des peuples du Nord.

Au commencement, d'après les Eddas, l'immense chaos régnait sur l'univers. Les dieux mêmes ne donnaient pas signe de vie dans cette antique et profonde nuit.

Des géants et entre autres le géant Ymer et ses frères apparaissent les premiers sur cette terre entourée de vapeurs ; leur règne est interrompu par Odin, le dieu de la lumière, qui, avec ses deux frères Ve et Vil, vient mettre l'ordre dans ce vaste univers. Il livre des combats aux géants : ceux-ci sont exterminés, le géant Ymer le premier. Un seul se sauve dans les montagnes, où il propage sa race malfaisante ; c'est elle qui doit à la fin ensanglanter le monde.

Odin, qui est le génie du bien, crée l'homme et la femme, et les fait sortir d'un tronc d'arbre jeté sur le rivage par les flots de l'Océan. Les dieux les comblent d'abord de félicité. Eux et leur race vivent dans l'innocence ; la terre féconde leur donne sans culture tous ses fruits ; un printemps éternel règne partout.

C'est évidemment l'âge d'or des Grecs, ou le paradis de la Bible, croyance que l'on retrouve chez tous les peuples du monde.

Malheureusement, les filles des géants sortent de leurs montagnes et viennent troubler cette félicité. L'une d'elles, Gulweiga, inspire aux hommes l'avarice, la cupidité. Les dieux ont beau la livrer aux flammes, elle renaît trois fois de ses cendres, elle vit toujours, et c'est par elle que la guerre se maintient sur le globe, elle a fait couler le sang au début, et il coulera jusqu'à la fin.

Le Walhalla est le palais d'Odin ; il s'élève resplendissant de lumière au milieu des nuages, dans l'Asagard, l'Olympe des Scandinaves. C'est là que se rendent les âmes des mortels vertueux, celles des héros qui ont succombé dans les combats. Les uns et les autres sont admis au banquet des dieux. Frigga, la Junon et la Cérès des Scandinaves, épouse d'Odin, reçoit auprès d'elle, dans ce divin séjour, les femmes qui se sont distinguées par leur fidélité. Le dieu Thor, son fils aîné, armé d'une massue, combat les géants, et en même temps récompense les esclaves fidèles à leur maître.

Dans le palais d'Odin, figurent encore Brogor, le dieu des arts et de l'harmonie ; Idanna, son épouse, qui a pour fonctions de distribuer aux habitants des cieux des pommes qui ont la propriété de perpétuer leur immortalité ; Fréga, fille du dieu des mers, déesse de la beauté et de l'amour ; Vara, déesse qui préside à la foi des serments ; Heimdal, gardien de ce séjour divin, chargé de le défendre contre les mauvais génies ; Balder, fils d'Odin, le plus aimable des dieux, qui a le pouvoir de calmer les tempêtes, d'établir la paix parmi les hommes et dont le palais est situé dans cette voie lactée qui brille pendant la nuit.

Citons encore, parmi les déesses, Siona, la déesse de la sympathie et de l'amour ; Snotra, qui inspire la prudence et la modestie ; Lowna ; les trois Nornes (les trois Parques), qui tiennent entre leurs mains les destinées des mortels ; les douze Valkiries, nymphes qui accompagnent les héros dans les combats, etc., etc. ; mais tout ce monde, créé par Odin, doit périr ; Balder lui-même mourra, et tout rentrera dans le chaos.

C'est la fontaine du destin qui a révélé aux dieux ce terrible secret. Ceux-ci ont alors conjuré tous les êtres de la nature de ne pas leur nuire et d'épargner Balder. Le feu, l'eau, les rochers, les animaux, les plantes ont été liés par serment, et ont promis de respecter les dieux.

Malheureusement, on a oublié le gui de chêne. Loke, le génie du mal, ayant appris cette omission, s'arme du gui fatal et rassemble les géants ses fils. Il ouvre les portes du Nastrond, enfer de glace, et en fait sortir le génie du feu, Hela, la déesse de la mort, et une foule d'autres monstres; les dieux seront attaqués de tout côté. Le serpent Iormux, Gondar, étreint la terre dans ses replis immenses et la brise. Le loup Ferreis dévore l'astre du jour et le vaillant Odin; les étoiles se détachent l'une après l'autre de la voûte céleste; les dieux sont anéantis, et tout retombe dans le chaos primitif. Mais un dieu plus puissant que les autres paraît et fait sortir de nouveau la terre du chaos. Elle est plus brillante qu'auparavant; il n'y a plus ni glace, ni frimas. Balder lui-même ressuscite, et réunit auprès de lui tous les hommes qui ont pratiqué la vertu.

On voit que le dogme de la vie future, de la renaissance de tout ce qui a péri et de la récompense des bons se retrouve dans cette mythologie confuse, et qu'on peut y reconnaître, jusqu'à un certain point, certaines croyances religieuses de l'Orient, de l'Inde en particulier.

Les dieux, les déesses, sous d'autres noms, offrent de l'analogie avec ceux de la Grèce; on peut reconnaître Junon, Vénus, Hercule, les trois Parques, Apollon, Jupiter sous le nom d'Odin, etc.

La destruction du globe à la fin des temps, l'extinction de l'astre du jour, la punition des méchants, la réunion des justes dans le palais de Balder ressuscité, en un mot la renaissance des êtres dans un monde meilleur, ne s'éloignent pas beaucoup des croyances religieuses des autres peuples que nous venons d'exposer; preuve que les hommes, aux époques les plus anciennes, comme aujourd'hui, ont eu constamment, en fait de religion, un fond commun, et que l'idée d'une autre vie après celle-ci a fait partie de la conscience humaine, et que rien n'a jamais pu l'effacer.

CHAPITRE XVII

LE DOGME DE LA VIE FUTURE CHEZ LES NATIONS SAUVAGES DE L'AMÉRIQUE.

Comment l'Amérique a-t-elle été peuplée? Les nations de cette vaste partie du monde ont-elles une origine aussi ancienne que celles de l'ancien continent? Si on suppose qu'après la grande catastrophe du déluge, le plateau central de l'Asie a été le premier centre de population, est-ce de cette contrée que sont parties les tribus qui ont rayonné dans les autres régions de l'Asie, de l'Afrique et de l'Amérique? C'est un problème que, faute de documents, on n'a pu encore résoudre; ce qui paraît certain, c'est qu'à une époque indéterminée, mais sans doute très ancienne, des peuplades finnoises, tartares, péruviennes, caucasiennes, de la Mantchourie, mongoles ont passé dans l'Amérique septentrionale en franchissant le détroit de Behring et se sont répandues jusqu'au Mexique.

D'autres nations asiatiques, chinoises, japonaises paraissent aussi avoir passé en Amérique, en longeant les côtes du Grand Océan; mais ces diverses émigrations n'ont pas été assez importantes pour effacer le caractère des peuples indigènes.

On ne peut contester, ce semble, les communications des Chinois avec les Aztèques, et en général avec les peuples indigènes du Mexique et du Pérou. Ainsi, le calendrier des Aztèques, comme celui des Kalmouks et des Tartares, désigne les mois sous les noms d'animaux.

Les grandes fêtes des Péruviens coïncidaient avec celles des Chinois. Les Incas, à l'exemple de l'empereur de la Chine, labouraient de leurs propres mains une certaine étendue de terrain. Enfin, Manco-Capac, qui passe pour le fondateur de l'empire du Pérou, était, croit-on, d'origine chinoise.

Quant aux Mexicains, on peut affirmer que leur écriture figurée avait des rapports avec les hiéroglyphes des anciens Chinois.

S'il faut en croire un savant américain (1), les nations disséminées depuis la baie d'Hudson jusqu'au golfe du Mexique n'avaient autrefois qu'une seule religion. Elles adoraient un être suprême, créateur de tout l'univers; elles reconnaissaient aussi des génies tutélaires; enfin, elles croyaient, quoique d'une manière un peu vague, à l'immortalité de l'âme et aux peines et aux récompenses d'une autre vie. Le fond de ces croyances était d'ailleurs un grossier fétichisme, analogue à celui des sauvages de l'Afrique équatoriale.

Comme chez ces derniers, la superstition la plus commune était celle des fétiches. Dans l'Amérique septentrionale, chaque sauvage avait son manitou, oiseau, poisson, quadrupède, pierre, morceau de bois bizarrement taillé, auquel il avait confiance, et qui devait le préserver de tout péril. Les songes jouaient un grand rôle, leur interprétation était une véritable science.

Plus tard, le culte du soleil devint la principale religion des habitants du Mexique et du Pérou. Le soleil avait chez ces nations des temples magnifiques, et on y immolait, comme dans les Gaules, des victimes humaines.

(1) Jarvis, *Études sur la religion des tribus indiennes.*

Au Pérou, on égorgeait de plus sur le tombeau de l'Inca, pour célébrer ses funérailles, des milliers de victimes, usage barbare qui existe encore aujourd'hui au Benin, au Dahomey et probablement aussi chez d'autres nations de l'Afrique centrale.

Comme à Rome, il y avait au Pérou des vierges prêtresses du soleil, qui faisaient vœu de chasteté, et qui étaient ensevelies vivantes, si elles venaient à le violer. Quant au séducteur, on le faisait mourir dans les tourments les plus affreux.

C'est, nous l'avons dit, à Manco-Capac et à son épouse, la belle Oello, que les Péruviens faisaient remonter les premiers éléments de leur civilisation ; ils apprirent aux habitants de cette contrée, qui vivaient à l'état sauvage, à labourer la terre, à y semer des grains pour leur nourriture, à filer la laine et à fabriquer des tissus pour leurs vêtements. Ils leur donnèrent des lois et instituèrent un culte, celui du soleil.

Les peuples des régions traversées par le fleuve des Amazones croyaient que l'âme, après la mort, continue à exister dans un autre monde, où elle prend de nouveau la forme humaine. Ils ne craignaient pas la mort, parce que, disaient-ils, les morts les attendaient et tenaient prêts pour les recevoir du pizang cuit et du pain de cassave. Ils devaient faire leur entrée dans le ciel en passant par la voie lactée, sorte de jardin lumineux où ceux qui les avaient précédés s'amusaient à des festins.

Nous ne dirons rien des habitants de la Patagonie, ni de ceux de la Terre de feu, ou des Fuégiens. S'il faut s'en rapporter au récit des voyageurs, ces peuplades n'auraient aucune idée de la divinité, et par suite ne paraîtraient avoir aucune croyance au sujet de l'immortalité de l'âme. Mais on ne peut rien affirmer à ce sujet.

Si de l'Amérique nous passons au continent africain,

nous ne verrons la même absence d'idées religieuses que chez les Hottentots, et surtout chez une de leurs tribus, les Bochismans, le peuple le plus dégradé et le moins intelligent du globe.

Il n'en est pas de même des habitants de la Cafrerie, qui occupent la partie orientale et méridionale de l'Afrique. Ils sont mieux doués physiquement et moralement que leurs voisins les Hottentots. Ils croient au maître invisible de la nature, distributeur des biens et des maux. Ils font la distinction de l'âme et du corps, et ils placent le siège de la première dans le cœur. Ils ont des prêtres et quelques cérémonies religieuses ; mais on ignore s'ils croient à une vie future.

Dans le Soudan ou la Nigritie, c'est le fétichisme qui domine. Les nègres adorent tout ce qui frappe leur imagination : c'est tantôt une plume d'oiseau, une dent de requin, un arbre, un rocher, un serpent, un crapaud, un bouc, etc.

Les mêmes croyances superstitieuses règnent à la Guinée et au Congo. Dans toutes ces contrées, existe la coutume des sacrifices humains, et on s'adonne à l'anthropophagie.

Dans la Sénégambie, la religion la plus répandue est le mahométisme.

En nous dirigeant vers l'Océanie, nous trouvons les îles de la Sonde, entre autres, la grande île de Sumatra. Les indigènes de cette île, spécialement les Battas, admettent trois grands dieux : un qui règne au ciel, un autre dans les airs et le troisième sur la terre. Un géant, dans les premiers temps, portait la terre sur la tête ; fatigué d'un pareil fardeau, il le secoua, et les continents s'écroulèrent. L'Océan déborda partout ; le Dieu du ciel y jeta alors une montagne, qui devint le noyau de nouvelles terres. Une fille céleste vint y habiter ; elle eut trois fils et trois filles. De leur mariage naquit tout le genre humain.

Ces peuples croient à une vie future et à une sorte de purgatoire.

D'autres habitants de Sumatra ne paraissent pas avoir de culte extérieur. Ils n'ont pas, on le croit, l'idée d'un être suprême ; mais ils croient que les âmes des morts passent dans le corps des tigres ; aussi respectent-ils beaucoup ces animaux et s'abstiennent-ils de les tuer. D'autres peuplades de cette île adorent des idoles, et quelques-unes sont anthropophages.

Le mahométisme règne à Java, et a remplacé un culte idolâtrique, dérivé du brahmanisme et qui admettait le dogme de la métempsycose. En revanche, les habitants de Timor sont purement idolâtres.

A Bornéo, autre grande île de la Sonde, la plupart des habitants appartiennent à la religion de Mahomet.

Les Espagnols ont apporté le culte catholique aux îles Philippines, qui sont sous leur domination ; mais la plupart des indigènes croient aux génies malfaisants, et leur offrent des sacrifices ; ils ont l'idée d'une vie future.

A Mindanao, une de ces îles, c'est le mahométisme qui est la religion dominante.

A Célèbes, une des îles Moluques, groupe d'îles situées à l'est de Bornéo et au sud des Philippines, les habitants n'ont ni temples ni idoles ; leur religion est le manichéisme. Comme chez les Romains et chez d'autres peuples anciens, leurs prêtres pratiquent la divination, d'après le vol des oiseaux, l'examen des entrailles des victimes. Parfois, ils plongent la tête dans le ventre de l'animal, lorsqu'il vient d'être égorgé, et, tout barbouillés du sang des victimes, ils rendent leurs oracles. D'autres peuples de cette île ne reconnaissent d'autres dieux que le soleil et la lune.

La Nouvelle-Hollande nous présente une race d'hommes sauvages, qui est probablement la plus abrutie du globe ; c'est celle des nègres océaniens, qui habitent la Nouvelle-Galles. Ils n'ont qu'une idée vague d'une vie future. Ils croient que leurs morts retournent aux nuages d'où ils sont descendus, idée qu'on retrouve chez les Alfourous de l'île Célèbes. Ils croient aussi aux bons et aux mauvais esprits.

Il paraît que les habitants des Nouvelles-Hébrides ont quelques notions confuses d'une vie future ; mais ils ne croient pas aux punitions des méchants ; suivant eux, tous vont au ciel, parce que, parmi eux, il n'y a que des bons.

Les habitants de l'archipel de Santa-Cruz, et entre autres de l'île Vanikoro, théâtre du naufrage de Lapérouse, ont une religion, s'il faut s'en rapporter à la relation de Dumont d'Urville, et croient à l'immortalité de l'âme.

L'idolâtrie règne chez les Papous, habitants de la Nouvelle-Guinée. Le catholicisme tend, au reste, à pénétrer, avec les missionnaires, dans ce vaste monde océanien, et y apportera peu à peu les bienfaits de la civilisation. On peut citer, entre beaucoup d'autres, les îles Mariannes, situées au nord des îles Pelew. Le christianisme y a fait quelques progrès et a remplacé les anciennes croyances. Autrefois, ces insulaires, à la mort d'un individu, avaient le soin de mettre un panier auprès de sa tête pour recueillir son âme. Ils croyaient à une vie future, à un paradis et à un enfer ; ils appelaient celui-ci la maison du Diable. Il y entretenait une fournaise ardente, où étaient tourmentés ceux qui avaient péri de mort violente. Quant au paradis, c'était une terre agréable où il y avait de beaux cocotiers, des cannes à sucre et des fruits d'un goût exquis.

Les habitants de l'archipel des Carolines paraissent avoir les mœurs plus douces que les autres peuplades de la Polynésie. Leur religion est d'ailleurs toute théorique, ils n'ont ni temples, ni sacrifices, ni culte extérieur. Ils croient toutefois que l'âme survit au corps, que celles des bons se rendent directement au ciel, mais que, le quatrième jour, elles reviennent sur la terre, vivre au milieu de leurs parents. Quant aux âmes des méchants, elles se rendent dans un lieu particulier, pour y subir la peine de leurs actions criminelles.

Selon eux, c'est une divinité descendue du ciel qui, trouvant la terre stérile et déserte, y sema des plantes de toute espèce, et la peupla d'êtres raisonnables.

Dans le principe, les hommes étaient immortels ; mais un esprit mauvais chassé du ciel les rendit sujets à la mort. Une âme universelle anime d'ailleurs tout ce qui existe. Le soleil, la lune, les étoiles ont une âme, et sont habités par des esprits célestes.

Il est aisé de voir que cette théogonie confuse a été empruntée en partie à la Bible. Ils croient d'ailleurs à un être tout-puissant, qui réside au delà des étoiles, dirige, gouverne tout dans le monde, fait croître les arbres et mûrir les fruits, et veille sur toutes les créatures ; les bonnes actions lui sont agréables, les mauvaises l'offensent. Enfin, ils disent qu'ils aiment la divinité à cause des bienfaits qu'ils en reçoivent.

Malheureusement, ils ont une coutume barbare, qui jure avec la douceur de leurs mœurs. A la mort d'un chef ou d'un roi, ils immolent sur sa tombe des hommes, des femmes, même des enfants.

Les habitants des îles des Amis, entre autres ceux de Tongatabou, croient aussi à une vie future ; mais ils affirment que les méchants ne sont pas punis dans l'autre monde, parce que les dieux ont le soin de punir les coupables dans la vie présente.

Avant l'arrivée des missionnaires, les insulaires d'Otahiti croyaient à l'immortalité de l'âme. Suivant eux, les âmes des défunts, dévorées par les oiseaux sacrés, subissaient une sorte de métamorphose ou d'expiation, après quoi elles devenaient des divinités qui influaient sur les destinées des vivants.

Comme dans beaucoup d'autres pays, les Otahitiens immolaient à leurs dieux des victimes humaines ; c'étaient des hommes du peuple ou des criminels qui étaient sacrifiés, et, pour ne pas les faire trop souffrir, on avait le soin de les égorger pendant leur sommeil.

La religion des peuples de la Tasmanie, ou Nouvelle-Zélande, est purement métaphysique. Ils n'ont ni temples, ni cérémonies religieuses ; ils reconnaissent toutefois un être suprême, purement spirituel, tout-puissant et créateur et conservateur de tout ce qui existe. Ils reconnaissent aussi un Dieu de la mort, qu'ils appellent Tipoko, et un Dieu des éléments, nommé Towaki. Ils croient à l'immortalité et à la spiritualité de l'âme ; ils la regardent comme un souffle intérieur, parfaitement distinct du corps.

Au moment de la mort, ces deux substances se séparent par un effort violent. L'âme reste trois jours autour du corps, puis elle se rend au cap Nord de l'île, où elle s'embarque pour un autre monde.

Les Tasmaniens ont une idée vague du récit de Moïse, et croient que la femme a été réellement formée de la côte du premier homme. Ces idées religieuses ne les empêchent pas d'être anthropophages.

CHAPITRE XVIII

RELIGION DES HABITANTS DE L'ASIE SEPTENTRIONALE : TONGOUSSES, OSTIAKS, SAMOYÈDES, MANTCHOUX, MONGOLS, TARTARES, etc.

Les Tongousses paraissent avoir une origine commune avec les Mantchoux. Ils sont pasteurs et nomades ; ils habitent principalement dans la partie septentrionale de la Sibérie.

Ceux qui habitent en deçà du lac Baïkal ont répugné jusqu'à ce jour à embrasser le christianisme, et il n'y en a qu'un petit nombre qui se soit fait baptiser. Leur ancienne religion était le chamanisme. Leurs croyances religieuses d'aujourd'hui sont un mélange de plusieurs superstitions, dont la plupart sont empruntées au bouddhisme et à l'idolâtrie. Ils reconnaissent toutefois pour chef spirituel le Dalaï-Lama du Thibet et ils ont aussi des lamas particuliers. Leur principale divinité se nomme Boa. Ils croient, comme les sectateurs de Bouddha, à la transmigration des âmes et aux peines et aux récompenses d'une autre vie.

Les Tongousses qui occupent la région de la Sibérie située au delà du lac Baïkal ont un peu plus généralement embrassé le christianisme ; mais ils y mêlent plusieurs superstitions. Les uns et les autres ont une théogonie assez bizarre.

D'après eux, Bouga, après avoir créé le ciel et la terre, rassembla du fer de l'Orient, du feu du Midi, de l'eau de l'Occident, et de ces divers éléments composa l'homme et la femme.

Lorsque le genre humain se fut multiplié, l'esprit des ténèbres, qu'ils appellent Bouninga, en réclama la moitié. Bouga refusa ; mais il fut convenu qu'il lui abandonnerait tous les hommes vicieux après leur mort, afin qu'il pût les envoyer dans l'enfer, qui est situé au centre de la terre. Une opinion plus bizarre de ces peuples, c'est que la terre ne se soutient dans le vide que parce qu'elle repose sur le dos d'une immense grenouille.

Au delà du lac Baïkal, nous l'avons dit, il y a peu de chrétiens, et c'est le chamanisme qui domine. Ils n'ont d'ailleurs ni idoles ni autels. Leurs prêtres portent de longues robes en peau d'élan, armées de sonnettes afin de chasser le Diable, et toutes leurs pratiques religieuses consistent à ordonner de fréquents sacrifices d'animaux.

Les Ostiaks, les Samoyèdes, autres habitants de la Sibérie, n'ont pour religion qu'un fétichisme grossier, et leurs fétiches sont des pierres, des morceaux de bois...

Ils reconnaissent cependant un Dieu souverain qui gouverne l'univers et qui a sous ses ordres des divinités inférieures; ils leur offrent en sacrifice des rennes. Les uns et les autres croient à une vie future.

Les Tartares occupent aussi une partie de la Sibérie; ils sont partagés en chrétiens, en sectateurs du chamanisme et en mahométans. Ces derniers et les chrétiens croient à l'immortalité de l'âme.

Le mahométisme est la religion dominante du Turkestan chinois et de la Dzoungarie. Parmi les autres peuples de l'Asie septentrionale, nous devons compter les Mongols et les Mantchoux. Les premiers ont pour religion le bouddhisme. Ils dépendent spirituellement du Talé-Lama de Lhassa. Les lamaseries sont nombreuses dans cette vaste contrée. Quant aux habitants de la Mantchourie, il paraît qu'ils n'ont ni temples ni culte extérieur. Leur religion, si on s'en rapporte aux relations des Jésuites, serait le chamanisme.

On le voit, le bouddhisme, le mahométisme et le chamanisme dominent dans cette immense région de l'Asie septentrionale ; mais, malgré la diversité des cultes, la foi à une vie future se retrouve au fond de toutes leurs croyances.

Le christianisme a fait, d'ailleurs, peu de progrès dans cette partie de l'Asie, où il a à lutter contre deux religions fortement assises, le mahométisme et la religion de Bouddha.

CHAPITRE XIX

DU CHRISTIANISME ET DE SES DIVERSES SECTES.

Après la mort de Jésus-Christ, ses disciples, comme il le leur avait ordonné, allèrent prêcher l'évangile chez les diverses nations du monde connu des Romains.

La nouvelle religion se répandit avec une extrême rapidité. Les mystères qu'elle imposait à la raison humaine n'avaient rien qui pût répugner aux hommes de cette époque, qui avaient eu une foi aveugle aux dieux du paganisme et aux fables puériles qui faisaient le fond de cette religion, entourée de tout le prestige de la poésie et qui se ressentait de l'enfance des sociétés ; en revanche, l'évangile prêchait une morale, dont la pureté et la sublimité juraient avec les mœurs corrompues de la société antique et qui n'avait été à peine entrevue que par quelques rares philosophes de l'école du Portique, entre autres les Marc-Aurèle, les Epictète, etc.

Cette religion annonçait aux hommes qu'ils étaient frères et qu'ils étaient égaux devant Dieu ; elle prêchait l'amour de Dieu et du prochain ; elle recommandait l'aumône ; elle appelait à elle les pauvres, les déshérités du monde ; elle sanctifiait leurs souffrances ; elle les consolait dans leur infortune, et les appelait bienheureux. Elle relevait de leur abjection les esclaves, les misérables, les femmes, les enfants, sur lesquels le maître et le père de famille avaient le droit de vie ou de mort. En un mot, elle prenait sous sa protection et entourait de sa sollicitude et de son amour tous ceux qui souffraient et qui gémissaient sous le joug de la plus dure tyrannie.

Elle ne parlait que de charité, de miséricorde et de pardon, dans une société dépravée, impitoyable envers les opprimés, où régnait exclusivement la loi du plus fort, où les guerres civiles ou étrangères étaient continuelles et où les proscriptions, les spoliations, les supplices iniques étaient dans les habitudes des gouvernements et ne laissaient pas aux populations malheureuses et accablées par les impôts et les exactions de tout genre un moment de relâche.

Le Sauveur du monde, pendant ses trois années de prédication, avait prodigué les miracles, guéri les aveugles, les paralytiques, ressuscité des morts, nourri trois mille hommes dans le désert avec cinq pains et autant de poissons, et, comme il l'avait prédit longtemps auparavant, il avait été crucifié par les Juifs et était ressuscité le troisième jour après sa mort. Des centaines de disciples avaient été témoins de ce prodige, de son apparition aux apôtres pendant quarante jours, et ils devaient l'attester avec une conviction inébranlable, au milieu des plus cruels supplices.

On comprend que cette religion du Christ, surnaturelle et mystérieuse dans son principe, si admirable par ses dogmes et par sa morale, si simple dans ses pratiques, car elle ne demandait à ses sectateurs, pour être justifiés devant Dieu, que l'aveu de leurs fautes et le regret de les avoir commises, et à ces conditions, elle leur promettait le pardon, et, après cette vie si courte et si agitée, une éternité de bonheur ; on comprend, dis-je, qu'elle devait être accueillie avec empressement par les populations de l'époque.

Au point de vue purement humain, on peut donc s'expliquer la rapidité de sa propagation, l'empire immense qu'elle a exercé sur les âmes et qu'elle exercera, on peut le croire, jusqu'à la fin.

Malheureusement, l'unité de la foi, telle qu'elle avait été établie par l'évangile et par les apôtres, fut bientôt compromise par de nombreuses hérésies.

Au premier siècle, il y eut les ébionites ; au second, les gnostiques, qui ne donnaient à Jésus-Christ qu'un corps fantastique. Au troisième, parurent les manichéens, sectateurs de Manès, qui admettaient, comme les Persans, les deux principes, un dieu bon et un dieu mauvais ; niaient le péché originel, la nécessité du baptême ; supprimaient les autres sacrements ; condamnaient le mariage ; rejetaient le purgatoire, et admettaient cependant un enfer et un paradis.

Après l'hérésie des manichéens, qui fut renouvelée au onzième siècle par les henriciens, appelés aussi albigeois, l'Eglise eut à combattre, à la même époque, l'hérésie des sabelliens, qui prétendaient que Dieu était essentiellement un, et niaient par conséquent le dogme de la Trinité. Cette hérésie a été reproduite au seizième siècle par Socin, auteur du socinianisme, et elle est adoptée encore aujourd'hui par les unitaires.

C'est encore au troisième siècle qu'il faut rapporter les erreurs des néoplatoniciens d'Alexandrie et les opinions d'un célèbre docteur de cette ville, Origène, dont l'orthodoxie a été justement contestée. Ce savant illustre croyait, en effet, à la préexistence des âmes avant leur union à un corps terrestre ; il soutenait aussi que les peines de l'enfer n'étaient pas éternelles et que Jésus-Christ n'était fils de Dieu que par adoption.

Mais l'hérésie la plus redoutable qui balança longtemps l'orthodoxie catholique et, protégée par les empereurs de Constantinople, fut sur le point de l'emporter et de devenir la religion dominante, ce fut la doctrine d'Arius ou l'arianisme.

Arius, prêtre d'Alexandrie, ayant cherché à pénétrer le mystère de la Trinité, soutint que Jésus-Christ avait été créé, qu'il était inférieur au Père, qui, à proprement parler, était le seul vrai Dieu. C'était enlever à Jésus-Christ le caractère de la divinité, et le mettre au rang des prophètes. Cette hérésie fut condamnée par le concile de Nicée (325), dont le symbole, maintenu depuis comme article de foi, porte que Jésus-Christ est né du Père avant tous les siècles, qu'il est consubstantiel au Père, etc. L'arianisme, tantôt protégé, tantôt proscrit par les empereurs, ne fut pas moins dominant pendant plusieurs siècles, et ne disparut que vers l'an 660.

Mais, après un intervalle de neuf cents ans, à l'époque de la réforme luthérienne, il fut renouvelé et fut adopté par plusieurs hérésiarques, entre autres par Michel Servet, qui écrivit sur ce sujet un livre intitulé *De Trinitatis erroribus*; par Gentilis, qui eut la tête tranchée à Berne en 1556; enfin par Socin, qui résuma ces opinions sur la divinité de Jésus-Christ et donna son nom au socinianisme, qui devait plus tard se fondre dans le rationalisme philosophique, dont Rousseau fut le sectateur le plus illustre. Cette doctrine, sous le nom de libre pensée, existe encore aujourd'hui.

Après l'arianisme vinrent une foule d'autres hérésies : celle des macédoniens, proposée par Macédonius, patriarche de Constantinople au quatrième siècle, qui niait la divinité du Saint-Esprit; celle de Nestorius, évêque de Constantinople, qui enseignait qu'il y avait en Jésus-Christ deux personnes distinctes; celle d'Eutychès, qui n'admettait en lui qu'une nature; l'hérésie des monothélites, qui ne reconnaissaient en Jésus-Christ qu'une volonté; celle des pélagiens, disciples du moine Pélage, qui niaient le péché originel, et n'admettaient pas la nécessité du baptême et de la grâce pour opérer le salut ; celle des donatistes, qui, du temps de saint Augustin, occasionna tant de troubles en Afrique ; enfin, celle des eunomiens et des messaliens, qui regardaient les bonnes œuvres comme inutiles pour le salut. Au neuvième siècle, Jean Scot Erigène renouvelle la doctrine de la préexistence des âmes et de la métempsycose ; au onzième siècle, Béranger, archidiacre d'Angers, nie la présence réelle de Jésus-Christ dans l'Eucharistie. Enfin, au douzième siècle, Bernard de Chartres, philosophe platonicien, reproduit les idées de Jean Scot au sujet de la métempsycose et de la préexistence des âmes.

On voit qu'à part quelques exceptions, depuis l'avènement du christianisme jusqu'au seizième siècle, les nombreuses hérésies ne portèrent pas atteinte en général au dogme de la vie future tel qu'il avait été établi par l'évangile.

La réforme luthérienne au seizième siècle et les nombreuses sectes auxquelles elle donna lieu apportèrent de plus grands changements dans les croyances religieuses, et par leurs conséquences devaient aboutir, comme cela a eu lieu aujourd'hui, au pur rationalisme.

C'est, on ne l'ignore pas, au sujet de la vente des indulgences, que le pape Léon X avait confiée aux moines dominicains qui parcouraient l'Allemagne, la Suède, le Danemark, que Luther, moine augustin d'un couvent de Wittenberg et professeur de théologie à l'Université de cette ville, commença la lutte contre le catholicisme en 1517.

Luther n'attaqua d'abord que la vente des indulgences et l'abus qu'on en faisait ; mais insensiblement il fut entraîné à discuter les principales vérités que l'Eglise catholique avait imposées à la foi des fidèles.

« Doué, dit Bossuet (1), de force dans le génie, de

(1) *Histoire des Variations*, t. 1er, p. 8.

véhémence dans ses discours, d'une éloquence vive et impétueuse, qui entraînait les peuples et les ravissait, d'une hardiesse extraordinaire, lorsqu'il se vit soutenu et applaudi, il montra un air d'autorité qui faisait trembler devant lui ses disciples, de sorte qu'ils n'osaient le contredire, ni dans les grandes choses, ni dans les petites. »

Luther nia l'autorité de l'Eglise et du pape, que, dans ses écrits, il appelait l'Antéchrist ; il abolit les vœux monastiques ; il supprima tous les sacrements, excepté le baptême et l'Eucharistie, et encore, dans ce dernier sacrement, il substitua l'impanation au dogme de la transubstantiation, c'est-à-dire qu'il admettait la présence réelle de Jésus-Christ sans que les espèces du pain et du vin fussent changées ; il prêcha la justification du pécheur sans les œuvres, et il affirma qu'on pouvait être justifié pourvu qu'on fût convaincu qu'on l'était réellement. Ceux de ses disciples qu'on appela les sacramentaires, Carlostadt, Zuingle, Œcolampade, plus tard Calvin, nièrent d'une manière absolue la présence réelle et remplacèrent la messe par la cène.

Luther, comme nous l'avons vu, avait supprimé la confession, quoiqu'elle soit formellement instituée dans l'évangile et qu'il mit ainsi à néant la prétention qu'avait la réforme, en supprimant les abus, de revenir à l'Eglise primitive et de s'en tenir à la lettre de l'évangile.

Il alla plus loin, et, tout en maintenant après cette vie la punition des pécheurs par les peines éternelles de l'enfer et affirmant l'existence d'un paradis pour les justes, croyances qui n'avaient été, d'ailleurs, chose remarquable, contestées par aucune des hérésies dont nous avons parlé, il nia cette vie intermédiaire que le christianisme avait admise jusqu'alors, et que nous avons retrouvée dans la plupart des religions de l'antiquité : l'existence d'un purgatoire ou d'un lieu où les pécheurs dont les fautes étaient moindres devaient subir une sorte d'expiation avant de jouir des félicités du paradis.

Il n'y a donc, pour les luthériens et les protestants, que deux états pour l'âme après sa séparation du corps, le ciel ou l'enfer.

On ne voit pas la raison de la suppression du sacrement de la pénitence, puisque les évangiles, admis par les réformés, en font une recommandation formelle, et que la parole de Jésus-Christ sur un sujet si important n'est susceptible d'aucune autre interprétation ; mais quant à la croyance au purgatoire, on peut supposer qu'elle n'a été écartée par Luther qu'à cause de la vente des indulgences et des abus auxquels elle avait donné lieu.

En niant la vertu des indulgences et la propriété que lui avait attribuée l'Église catholique d'abréger ou de faire cesser les peines expiatoires du purgatoire, Luther avait été entraîné à supprimer cette vie intermédiaire, que le catholicisme moins sévère admet pour les pécheurs qui n'ont pas expié suffisamment dans la vie actuelle les fautes dont ils se sont rendus coupables.

Les prières que les chrétiens adressaient à Dieu pour les morts, pour leurs parents et leurs amis afin d'obtenir leur pardon et la remise de leurs peines, devenaient ainsi inutiles.

La réforme a donné lieu, comme nous l'avons dit, à une foule de sectes, dont les croyances ont varié sans cesse et se sont subdivisées à l'infini. La plupart ont abouti au rationalisme, au socinianisme ou à un pâle déisme analogue à celui de Voltaire.

Quelques-uns de ces sectaires ont même embrassé des doctrines philosophiques, telles que le positivisme, le naturalisme, le panthéisme, et ont abouti en définitive au matérialisme. Les uns et les autres ont fait ainsi abstraction de tout dogme religieux, et, comme les épicuriens de l'antiquité, ont cru que l'âme avec ses diverses facultés, étant dépendante des organes, périssait avec eux, et que le dogme de la vie future n'était qu'une vaine espérance, fruit de l'orgueil humain, et sur la réalisation de laquelle on ne devait pas compter.

Après avoir passé en revue aussi rapidement que possible les diverses religions du globe depuis les temps les plus anciens jusqu'à nos jours, il nous reste, pour compléter ce consensus universel de tous les temps et de tous les peuples, au sujet de l'immortalité de l'âme, qui s'impose comme une vérité indestructible à la conscience humaine, d'où elle ne peut être arrachée et où Dieu l'a gravée lui-même avec l'idée de Dieu, avec l'idée de justice et la notion du bien et du mal, il nous reste, disons-nous, à exposer l'opinion des écrivains illustres, des grands philosophes, des hommes en un mot qui, par leurs talents et leur haute intelligence, se sont le plus distingués dans les sciences et dans les lettres, autorités imposantes, et qu'il est impossible de récuser. C'est cette exposition que nous allons faire dans les chapitres suivants, en ne citant, bien entendu, que les auteurs qui ont écrit sur ce sujet et qui appartiennent à l'âge moderne.

CHAPITRE XX.

OPINIONS DES LITTÉRATEURS, DES SAVANTS, DES PHILOSOPHES MODERNES AU SUJET DE L'IMMORTALITÉ DE L'AME.

La croyance à la vie future est tellement liée à l'idée de l'existence de Dieu, que, lorsque cette dernière disparaît ou s'affaiblit dans les âmes, ou même se réduit à un déisme pâle et indécis comme celui de Voltaire, la notion de l'immortalité se voile peu à peu et finit par s'effacer complètement. L'athéisme a donc pour résultat le matérialisme.

D'après ce système, l'âme, privée par la mort des organes indispensables à sa manifestation, se dissipe dans les éléments en même temps que le corps et ne laisse plus de traces.

L'athéisme et le matérialisme mutilent l'âme humaine et lui enlèvent un de ses éléments essentiels, la conscience ou le sentiment intérieur d'où procèdent l'idée de Dieu, l'idée de l'immortalité et la notion du bien et du mal.

L'âme étant ainsi mutilée, déséquilibrée, l'homme se trouve réduit à l'état d'un pur animal, plus intelligent, il est vrai, que tous les autres, mais privé du sentiment de l'infini, rabaissé vers la terre, et il est clair que pour lui, après la vie présente, il n'y a rien à craindre, ni rien à espérer.

Cette négation de Dieu et de l'immortalité de l'âme, l'une conséquence de l'autre, est, on le comprend, un système commode pour l'homme vicieux, et s'observe surtout à l'époque de décadence des nations, lorsque l'amour du luxe et du bien-être, la recherche des plaisirs des sens, la corruption des mœurs, ont envahi les âmes et effacé la notion du devoir. Il est sans exemple que l'homme vertueux qui entend la voix de la conscience et ne ferme pas les yeux à la lumière, fasse profession d'athéisme et nie en même temps la vie future.

De longs siècles se sont écoulés depuis l'avènement du christianisme. Il y a eu de nombreux hérésiarques du deuxième siècle jusqu'à l'invasion des Barbares, qui mit fin à la plupart des discussions théologiques, et le dogme de l'existence de Dieu et de l'immortalité de l'âme ne fut pas sérieusement contesté ; à part un petit nombre d'exceptions, il en fut de même pendant la longue période du moyen âge, et la foi chrétienne se maintint sans altération sur un point d'aussi grande importance. Il faut arriver aux seizième, dix-septième et dix-huitième siècles pour trouver parmi les hommes éminents de ces époques des athées et des matérialistes.

Le mouvement extraordinaire qu'avaient communiqué à l'esprit humain les grandes découvertes du seizième siècle succédant à la nuit du moyen âge, la connaissance des chefs-d'œuvre de l'antiquité, la découverte du nouveau monde, celle de l'imprimerie, etc., avaient éveillé l'esprit d'examen ou de critique, qui avait sommeillé pendant les siècles précédents, où on se contentait de répondre à toutes les objections : *Magister dixit*.

C'est sous l'influence de ces causes diverses qu'on vit apparaître, comme au temps des écoles philosophiques d'Athènes et d'Alexandrie, des philosophes athées, sceptiques, ou même simplement déistes, mais niant l'intervention de la divinité dans le gouvernement de ce monde, réduisant Dieu au rôle de statue et le supprimant en réalité, comme les athées de profession.

C'est au seizième siècle, où les discussions religieuses exercèrent un si grand empire sur les âmes, et, mêlées aux événements politiques, donnèrent lieu à des guerres sanglantes et opiniâtres, qu'appartiennent Cardan, Michel Servet, auteur du livre *De Trinitatis erroribus* et que Calvin fit brûler sur la place publique de Genève, Vanini, que le parlement de Toulouse condamna au même supplice.

Au dix-septième siècle, nous pouvons citer : en Angleterre, Hobbes, Collins, Dodwel; en Hollande, Spinosa; en France, Bayle (1).

Au dix-huitième siècle, Hume, Diderot, le baron d'Holbach, Lamettrie, l'astronome Lalande, Helvétius, Voltaire, Volney, Cabanis, Laplace, etc.

Le dix-neuvième siècle compte parmi les déistes ou les panthéistes, Fichte, Schelling, Hegel, Edgar Quinet, Lamennais, Pierre Leroux.

Toutefois, les opinions de ces philosophes eurent peu d'influence sur les masses, et trouvèrent chaque fois de puissants contradicteurs qui plaidèrent avec succès la cause du spiritualisme. Nous devons citer Clarke, Waburthon, Descartes, Bossuet, Fénelon, Malebranche, J.-J. Rousseau, Cousin, Maine de Biran, Châteaubriand, Caro, Jules Simon, J. Reynaud, Th. Martin, etc. Ce sont les opinions de ces grands écrivains spiritualistes, qui ont traité de l'immortalité de l'âme ou de la vie future, que nous allons exposer maintenant, afin de rendre cette démonstration aussi évidente et aussi complète que possible.

(1) Bayle doit être classé plutôt parmi les sceptiques.

CHAPITRE XXI

CLARKE.

Clarke, un des grands philosophes dont s'honore l'Angleterre, naquit en 1675 à Noorwik, dans le comté de Norfolk.

Il étudia à l'Université de Cambridge, où la philosophie de Descartes faisait partie de l'enseignement. Quoique séduit plus tard par les idées de Newton, il conserva jusqu'à la fin le fond des doctrines cartésiennes, et il eut l'honneur de lutter, non sans quelque mérite, pour la cause du spiritualisme contre la philosophie dominante de son siècle, qui n'était autre que l'empirisme ou le sensualisme, que Bacon avait mis en honneur en substituant l'induction et l'expérience au règne du syllogisme et de l'autorité, dont le moyen âge avait trop abusé.

Malheureusement, la méthode de l'expérience, qui a fait faire de si grands progrès aux sciences physiques, comme nous le dirons plus loin, n'est pas un critérium applicable aux sciences mathématiques, philosophiques et aux sciences religieuses ; la méthode qui leur est propre, on ne l'ignore pas, est plutôt l'évidence, le raisonnement et l'autorité.

Quoi qu'il en soit, la méthode baconienne, transportée au delà de sa sphère, avait développé en Angleterre les idées de matérialisme, d'athéisme, et ces doctrines paraissaient triomphantes avec Hobbes, avec Collins, Dodwel et quelques autres. Leibnitz, dans une première lettre adressée à Clarke, disait : « Il paraît que la religion naturelle même s'est affaiblie extrêmement en Angleterre. »

C'est à combattre ces doctrines funestes que Clarke,

doué à défaut de génie d'un grand bon sens, s'appliqua pendant toute sa vie, et la lutte mémorable qu'il soutint avec les armes du bon sens et une grande énergie de caractère contre les athées et les incrédules dont fourmillait alors l'Angleterre lui fait infiniment honneur.

Le dogme de l'existence de Dieu est une de ces vérités dont l'évidence est telle, qu'il n'a pas besoin de démonstration et s'impose à l'esprit comme un axiome de géométrie, qu'on accepte simplement et qu'on ne discute pas.

Comme nous l'avons dit ailleurs, il y a trois vérités primordiales, qui ne nous viennent pas des sens, que nous apportons en naissant, et qui sont, on peut le dire, le fruit naturel de notre constitution pensante; ce sont les idées que Platon (1) appelle innées, qu'il croit être une réminiscence d'une vie antérieure et que Dieu a gravées, au début, dans la conscience humaine en caractères indestructibles : 1º l'idée de Dieu ; 2º celle de l'immortalité de l'âme, corollaire de la première, et 3º l'idée de justice, ou la notion du bien et du mal.

L'école sensualiste ou matérialiste, qui a posé en principe que toutes nos perceptions viennent des sens, ne parviendra jamais à prouver que ces idées sont le produit de la sensation. Quel rapport y a-t-il, en effet, entre la notion du bien et du mal ou l'idée de justice et l'impression que les objets extérieurs peuvent produire sur notre organisme? Il en est de même de l'immortalité de l'âme : elle serait plutôt contredite par les sens, car, lorsque la mort a lieu, et que l'âme ou le principe de la vie, du mouvement et de la pensée se sépare de nos organes matériels, tout ne paraît-il pas fini pour l'homme, et ne semble-t-il pas que l'âme est détruite comme le corps? Enfin, l'idée de l'existence de Dieu ne nous vient que très imparfaitement, comme nous le dirons, du spectacle

---

(1) Phédon.

de l'univers, et il faut un certain effort de l'esprit pour remonter des phénomènes que nous voyons à la cause qui les a produits. Cette méthode trop scientifique, qui n'est autre que l'induction, et qui, grâce à Bacon, a fait faire tant de progrès aux sciences physiques, n'est pas à la portée du vulgaire. Les hommes dont l'esprit est peu développé et des nations entières n'auraient pas l'idée de Dieu s'ils n'avaient pas d'autres moyens pour le reconnaître et s'élever à lui.

Nous pouvons donc conclure que c'est du sentiment intérieur, du fond de la conscience humaine, où Dieu les a déposées, que viennent l'idée non raisonnée mais persistante de l'existence de l'être suprême et celle de l'immortalité de l'âme.

Mais ces idées que l'on trouve depuis les temps les plus anciens chez tous les peuples du monde sont plus ou moins confuses, et, quoique le fond soit le même, elles ont donné lieu à des croyances plus ou moins bizarres, qui varient à l'infini et dans beaucoup de cas ont été indignes de la divinité.

Pour donner à cette idée de l'existence de Dieu tous les développements qu'elle comporte et une forme plus précise, il est donc nécessaire que la philosophie et la religion viennent à son aide, et posent des principes absolus d'où découlent, comme autant de corollaires, le dogme, la morale, le culte, etc. Une démonstration philosophique ou religieuse de l'existence de Dieu et de ses attributs s'impose ainsi à l'esprit, et achève de donner à ce sentiment intérieur, trop universel pour nous tromper, une certitude que ne peuvent étouffer ni les passions humaines ni les raisonnements des sophistes.

C'est à cette démonstration que s'est attaché Clarke, et son traité, composé d'arguments solides exposés avec clarté, ne laisse, quand on l'a lu, aucun doute dans l'esprit.

Il y a, on ne l'ignore pas, deux genres de preuves de l'existence de l'être suprême, la preuve *a priori*, et la preuve *a posteriori*. Cette dernière, tirée du spectacle et de l'ordonnance de l'univers, qui suppose un créateur et un directeur, car on ne peut admettre un effet ou un phénomène sans cause, est la moins satisfaisante pour l'esprit, quoiqu'elle soit employée plus généralement. Elle ne peut donner, en effet, aucune notion exacte des attributs de la divinité.

Il n'en est pas de même de la preuve *a priori*, ou de la démonstration par l'être nécessaire, qui appartient en propre au philosophe anglais, et que nous allons exposer en peu de mots (1).

L'homme sait qu'il existe, car il sent, il pense, il raisonne. Il sait aussi qu'il n'a pas en lui-même la raison de son existence : il n'a pas toujours été, il a eu un commencement, et, il ne l'ignore pas, il aura une fin. Il est donc contingent, ainsi que tous les êtres qui l'entourent, c'est-à-dire qu'il est dépendant, imparfait, borné. Le sentiment de cette contingence doit lui donner évidemment l'idée d'un être nécessaire, sans lequel il ne serait pas ; or, cet être doit être sa cause à lui-même, car, s'il était contingent aussi, il faudrait remonter encore plus haut, jusqu'à ce qu'on arrive à un être qui, n'étant plus dépendant ou limité et existant par lui-même, serait immense, infini, tout-puissant, parfait en un mot. Il est aisé de comprendre, en effet, que cet être nécessaire n'est borné par rien, puisqu'il existe par lui-même et sans condition.

Il est ainsi infini, et il est de plus éternel, car il ne peut ne pas être, et il a toutes les perfections, par cela même qu'il est infini en tout.

---

(1) Saint Thomas, le plus grand génie du moyen âge, avait, avant Clarke, cherché à prouver l'existence de Dieu par l'argument irréfutable d'un être nécessaire.

Cet être absolu, je le conçois par la seule lumière de la raison, de même que j'ai conscience de moi et du monde extérieur, croyance immédiate et intuitive.

Il est vrai que nous ne voyons pas Dieu, parce qu'il n'est ni visible, ni tangible. Mais voyons-nous l'air ? Nous sentons seulement qu'il existe lorsqu'il est en mouvement ; de même nous ne voyons pas Dieu par l'organe de la vue, mais nous en avons le sentiment au dedans de notre âme, lorsqu'elle est calme et que les passions ne la troublent pas et n'effacent pas cette notion, qui s'impose d'elle-même, que nous le voulions ou que nous ne le voulions pas.

La nécessité, voilà donc, selon Clarke, la preuve *a priori* de l'existence de Dieu.

De cette existence de l'être nécessaire, il déduit les propositions suivantes :

1º Quelque chose a existé de toute éternité, puisque quelque chose existe aujourd'hui.

2º Un être indépendant, immuable, a existé de toute éternité, car, le monde que nous voyons étant un assemblage de choses uniquement contingentes, qui n'ont pas en elles-mêmes leur raison d'être, il faut que cette raison se trouve ailleurs, dans un être distingué de l'ensemble des choses produites, par conséquent, indépendant, immuable, qui n'est borné ni par les lieux ni par le temps, qui en un mot a existé de toute éternité. Cet être infini ne peut exister que par lui-même, car il ne peut être sorti du néant, et il ne peut avoir été produit par aucune cause extérieure.

De cette suite de théorèmes, il résulte une proposition très simple et très vraie que l'on peut formuler ainsi : l'être contingent suppose l'être nécessaire, et l'être nécessaire, que rien ne borne, a toutes les qualités de l'être contingent, bonté, justice, puissance, sagesse, mais à un degré infini.

L'idée d'un être qui existe nécessairement, dit Clarke, s'empare de nos esprits, malgré que nous en ayons, et lors même que nous nous efforcions de supposer qu'il n'y a point d'être qui existe de cette manière. Si on demande quelle espèce d'idée c'est que celle d'un être dont on ne saurait nier l'existence sans tomber dans une manifeste contradiction, je réponds que c'est la première, la plus simple et la plus vraie de nos idées, qu'il n'est pas possible d'arracher de notre âme, et à laquelle nous ne saurions renoncer sans renoncer tout à fait à la faculté de penser.

De cette idée primordiale et irréfutable de l'être nécessaire, Clarke déduit avec une logique rigoureuse les attributs de la divinité, la toute-puissance, l'intelligence, la bonté, la justice, et en tout l'infinité. Il est clair, en effet, que, si quelques-unes de ces qualités se retrouvent, quoique à un degré très inférieur, dans l'homme fini et contingent, elles doivent se retrouver, avec le caractère de l'infinité, de la perfection absolue, dans l'être nécessaire, qui n'est borné par rien, et dont la puissance ainsi que ses autres attributs sont illimités.

Nous dirons peu de choses de la preuve de l'existence de Dieu *a posteriori*, dont Clarke ne traite qu'en passant.

Quoique plus généralement employée et plus compréhensible en apparence, elle a le défaut de ne pas donner une certitude métaphysique, et de plus elle ne peut démontrer aucun des attributs de la divinité.

L'observation du monde matériel, l'ordonnance admirable de tout ce qui frappe nos sens, tous les phénomènes naturels prouvent bien, à la vérité, qu'il y a un être supérieur assez puissant et assez intelligent pour les produire et les conserver, mais rien ne prouve qu'il soit éternel, immense, infini, unique. Pour démontrer ces attributs, il faut donc avoir recours à la preuve *a priori* ou à la démonstration par l'être nécessaire que nous venons d'exposer.

A ces preuves et surtout à la dernière, qui est irréfutable, il est convenable d'ajouter le sentiment intérieur que nous avons de la divinité, sentiment dont nous avons déjà parlé, et qui ne peut pas nous tromper. Il faut mentionner enfin ce consensus universel de tous les peuples du monde depuis l'origine, autorité imposante et qu'il est impossible de récuser.

Ce qui est fondé sur l'opinion, dit un médecin célèbre (1), est sujet au changement, et peut être avec le temps remplacé par une opinion contraire. Mais l'idée de Dieu a été toujours persistante : ni les siècles accumulés, ni les révolutions, ni les bouleversements des États n'ont pu l'altérer, encore moins la faire disparaître. Elle vit toujours dans l'âme humaine, aussi tenace qu'au début, et aucune puissance n'a pu l'en arracher.

A propos de Clarke, nous avons cru devoir insister sur la démonstration de l'existence de Dieu par l'*être nécessaire*, due au célèbre philosophe anglais, démonstration qui a la force et l'évidence d'un axiome de géométrie, parce que l'idée de Dieu entraîne avec elle la croyance à l'immortalité de l'âme et au dogme de la vie future, ces deux idées, ainsi que l'idée de justice ou la notion du bien et du mal, sont, en effet, si étroitement liées entre elles, qu'il est impossible de les séparer. Si Dieu n'existe pas, tout le système religieux s'écroule, il n'y a plus, on le conçoit, ni immortalité de l'âme, ni justice ; l'homme n'est plus responsable de ses actes ; il est réduit à l'état de pur animal, un peu plus intelligent que les autres, voilà tout. Après la mort, tout est fini pour lui, et il n'y a plus ni peines à redouter ni récompenses à espérer. En d'autres termes, l'idée de la vie future est le corollaire obligé, nécessaire, du dogme de l'existence de Dieu.

(1) Quæ in natura fundata sunt crescunt et augentur, quæ in opinione variant et non augentur (Hippocrate).

Dans les chapitres de la religion naturelle qui font suite au traité de l'existence de Dieu, Clarke n'établit pas avec moins de force le dogme de l'immatérialité de l'âme et celui d'une vie future.

Si, comme il a été prouvé précédemment, Dieu est non seulement infini, tout-puissant, mais encore a en partage l'intelligence, la sagesse, la bonté, la justice, s'il est vrai enfin que, non content d'avoir créé les hommes, il veille sur eux, pourvoit à leurs besoins, et que sa Providence s'étend sur toute la nature, on ne peut manquer d'être étonné, lorsque l'on réfléchit et que l'on observe, de la distribution inégale, parfois injuste, qui est faite des biens et des maux.

On dirait qu'une main inconsciente frappe en aveugle tantôt les uns, tantôt les autres. Le juste, dans ce monde, est bien souvent haï, méprisé, torturé, persécuté, accablé de mille maux, tandis qu'on voit les méchants, à côté de lui, prospérer, jouir en paix de tous les avantages de la vie et être relativement heureux.

On ne peut le nier, un désordre moral, immense, inexplicable, règne dans l'humanité, et ferait parfois douter de la Providence et de la bonté et de la justice de Dieu. L'homme paraît un être déclassé, déséquilibré; l'harmonie règne partout ailleurs, au moins dans l'ensemble, et chez lui les passions et leurs suites funestes, les souffrances, les maladies, les peines morales s'accumulent presque dès les premières années de la vie et ne lui laissent pas un moment de relâche.

Comment concilier tant de maux qu'il éprouve dans sa courte existence avec l'idée que nous avons de la bonté et de la justice de Dieu? Est-ce pour des fautes que nous aurions commises dans une vie qui aurait précédé celle-ci que nous sommes si rigoureusement punis, comme beaucoup de personnes sont tentées de le croire? Mais, s'il en est ainsi, comment se fait-il que les bons soient en général plus maltraités que les plus grands criminels ? N'est-il pas plus raisonnable de penser que cette vie est une épreuve, que cette distribution inégale des biens et des maux appelle une compensation, que, dans une autre vie qui succédera à celle-ci, l'équilibre sera rétabli, et que les voies de Dieu, qui nous paraissent aujourd'hui si obscures, seront justifiées ?

L'alternative s'impose donc à notre esprit : ou il n'y a pas de récompense pour les bons dans une autre vie, et il faut alors admettre que Dieu est injuste et cruel, ou, la justice étant un des attributs essentiels de la divinité, il faut que, dans un autre monde, l'ordre actuel soit interverti et que les justes soient récompensés.

Les stoïciens, qui ne croyaient pas à une vie future, ont affirmé, il est vrai, que, même dans cette vie, l'homme vertueux est suffisamment rémunéré de ses bonnes actions, que les souffrances, les injustices qu'il éprouve sont compensées par la satisfaction et le contentement intérieur que lui cause l'accomplissement du devoir. Mais cette opinion, évidemment exagérée, ne peut être admise sérieusement, et le triomphe des méchants et les supplices infligés aux justes ne restent pas moins inexplicables.

Socrate, donnant à ses concitoyens l'exemple des vertus et enseignant à la jeunesse d'Athènes le dogme de l'existence de Dieu et celui de l'immortalité de l'âme, est condamné à boire la ciguë ; avant lui, Aristide était banni parce qu'il était juste ; Scipion, le vainqueur de Carthage, meurt à Literne, oublié par les Romains, et fait mettre sur son tombeau cette inscription : « Ingrate patrie, tu n'auras pas mes os ». Junius Brutus, quoique soutenant la bonne cause, désespéré et vaincu, jette au ciel cette plainte : « O vertu, tu n'es qu'un nom ! »

Depuis l'ère chrétienne, et depuis la mort de l'Homme-Dieu crucifié par les Juifs pour avoir prêché l'évangile et sauvé le monde, que de personnages illustres il faudrait citer qui ont été en butte à l'injustice, à la persécution et qui ont vu les services qu'ils ont rendus à leurs semblables payés de la plus noire ingratitude! Qui pourrait aujourd'hui oublier Jeanne d'Arc, cette fille héroïque qui sauva la France, sublime martyre qui, trahie par les siens, abandonnée par un roi ingrat qu'elle avait rétabli sur son trône, livrée aux Anglais, fut condamnée par eux et par des Français indignes de ce nom et traîtres à leur patrie, au supplice du feu?

Mais il est inutile d'insister sur ce sujet, il faudrait citer des milliers de justes dont la vie a été vouée au malheur, à des souffrances imméritées. Ne faut-il pas croire que le Dieu bon et juste leur comptera dans une vie meilleure le prix de leurs vertus? En douter, ce serait douter de Dieu lui-même.

Un second argument est tiré de la nature de l'âme et des propriétés de la matière. Ces deux substances si opposées sont réunies momentanément par un lien mystérieux que les plus grands philosophes n'ont pu expliquer; mais cette union dure peu, la mort les sépare l'une de l'autre. Le corps, dont la matière est divisible à l'infini, se dissout dans les éléments; mais l'âme simple, non divisible, immatérielle, ne peut subir le sort de l'enveloppe terrestre : ou elle existe isolée dans des conditions que nous ne connaissons pas, ou elle s'associe à d'autres éléments et recommence une nouvelle vie. Dans tous les cas, elle ne périt pas, elle est immortelle.

Les athées, qui posent en principe que Dieu n'existe pas, peuvent seuls par une conséquence naturelle affirmer que l'âme périt avec le corps.

Quant aux déistes, dont il existe plusieurs sortes, ils s'entendent presque tous pour faire de Dieu un être abstrait, dépourvu d'activité, étranger aux choses de ce monde, enfin un Dieu qui ne peut pas exister. Au fond, cette doctrine n'est qu'un athéisme déguisé ; tel est le déisme pâle, indécis de Voltaire et d'une foule d'autres.

Pour nous résumer, nous devons poser ce dilemne : ou Dieu être nécessaire existe avec tous ses attributs, et il y a une vie future où les méchants sont punis et les bons récompensés, ou celle-ci n'existe pas, et Dieu n'existe pas non plus.

Ajoutons enfin, comme pour les preuves de l'existence de Dieu, le consensus universel du genre humain, qui ne s'est jamais démenti, témoignage imposant, avons-nous déjà dit, qui, contredit par les sens, ne persiste pas moins et ne peut venir, comme l'idée de Dieu, que du sentiment intérieur ou du fond de la conscience où Dieu l'a déposé.

Telles sont, résumées dans une analyse rapide, à laquelle nous avons joint d'autres réflexions, les preuves que Clarke a accumulées dans son traité de l'existence de Dieu et dans les chapitres sur la religion naturelle qui font suite au traité ; après avoir lu ces pages si fortement raisonnées, il est impossible de conserver un doute au sujet des vérités que Clarke vient d'exposer.

CHAPITRE XXII

DESCARTES, LEIBNITZ, BOSSUET, FÉNELON.

Après Clarke, nous pouvons citer parmi les grands écrivains du dix-septième siècle qui ont exposé dans leurs écrits les preuves de l'immortalité de l'âme et de l'existence de Dieu : Leibnitz, Bossuet, Descartes, Fénelon, etc.

Le premier de ces grands hommes, né à Leipzig en 1646 et mort en 1716, est un des plus grands génies qui ait existé et peut-être le plus universel des temps modernes. Mathématicien, physicien, philosophe, théologien, historien, jurisconsulte, philologue, il a abordé toutes les sciences, et son esprit inventif a trouvé partout de nouveaux aperçus, et a fait les plus grandes découvertes.

Son système de philosophie, qui doit seul nous occuper, se rapproche sur quelques points du platonisme; mais, dans l'ensemble, il est à la fois réaliste et idéaliste; comme Aristote, il admet que la sensation enveloppe la connaissance.

Suivant Leibnitz, Dieu est la lumière du monde, et son Verbe présent en nous éclaire notre âme autant que nos organes, plus ou moins imparfaits, nous permettent d'être éclairés. Leibnitz est donc spiritualiste, comme Descartes, comme Fénelon, Malebranche, etc.

Ses idées philosophiques (1) ont pour base son système des monades et de l'harmonie préétablie; suivant lui, toutes les substances sont simples, indivisibles et douées d'activité, de mouvement spontané : opinion contraire à celle de Descartes, qui voulait que toutes les substances fussent passives. Elles diffèrent seulement entre elles par leurs attributs. Dieu est la monade suprême d'où viennent toutes les monades créées. Ce système donne l'explication de beaucoup de phénomènes et fait comprendre comment l'âme peut exister après la mort et est appelée à d'autres destinées. Si cette théorie des monades peut être admise rationnellement, il n'en est pas de même de l'harmonie préétablie, par laquelle il cherche à expliquer la communication des substances, l'union de l'âme avec le corps, etc.

Dans sa *Théodicée*, il affirme, comme Descartes, l'existence de Dieu, il expose ses attributs, proclame sa Pro-

---

(1) *Théodicée*.

vidence qui pourvoit à tout, dirige tout et règle tout d'après sa sagesse, d'après sa bonté et sa justice.

De cette justification complète des voies de la Providence, il conclut à une sorte d'optimisme ou à la convenance et à l'harmonie de tout ce qui existe, dont une partie est manifeste à l'homme et l'autre reste le secret de Dieu. Sa philosophie spiritualiste ajoute aux preuves métaphysiques presque mathématiques de l'existence de Dieu le dogme de l'immortalité de l'âme, et il admet non seulement la religion révélée, mais il penche évidemment vers le catholicisme (1).

Descartes. — Né à la Haye (Indre-et-Loire) d'une famille noble de Bretagne, en 1596, il est mort en 1650, à l'âge 54 ans. Philosophe, mathématicien, il renouvela la science en la faisant sortir du domaine de la scolastique et en mettant des bornes au principe d'autorité qui avait trop longtemps gouverné les esprits et mis un obstacle au développement des sciences physiques. Son premier ouvrage, le *Discours de la méthode*, est de 1637 ; les *Méditations métaphysiques*, de 1641, et les *Principes de philosophie*, de 1644.

Physicien et mathématicien, on lui doit de grandes découvertes : l'explication de la loi de réfraction de la lumière, des phénomènes atmosphériques de l'arc-en-ciel, l'idée de la pesanteur de l'air, la loi des tourbillons, à laquelle on revient aujourd'hui. Mathématicien, il agrandit le domaine de l'algèbre, créa la géométrie analytique, etc.

Métaphysicien, sa philosophie est essentiellement idéaliste, et il lui donne pour base, après le doute méthodique, le retour de la pensée sur elle-même, la certitude de l'existence par l'axiome : « Je pense, donc je suis. » Il déduit de là, en faisant appel à la conscience

---

(1) Correspondance avec Bossuet.

et en donnant à la certitude pour critérium l'*évidence*, le dogme d'un Dieu infini et parfait ; il prouve la spiritualité et l'immortalité de l'âme par son essence, qui est la *pensée*, tandis que l'essence du corps est l'*étendue*.

Comme Platon, il admet des idées innées qui ne viennent pas des sens, mais qui, contenues en germe dans notre âme en naissant, se développent avec l'âge et sont la meilleure preuve de la spiritualité de l'âme et de sa persistance après la mort.

La philosophie de Descartes, malgré des erreurs et quelques hypothèses qu'on ne peut admettre, telles que l'application de la mécanique aux diverses fonctions du corps, pour expliquer l'union de l'âme avec son enveloppe matérielle, le siège de la pensée qu'il place dans la glande pinéale, son hypothèse des esprits animaux, ses idées sur les animaux, qu'il prive d'intelligence et qu'il considère comme de pures machines, sa philosophie spiritualiste, disons-nous, a inspiré tous les grands écrivains du dix-septième siècle, elle règne encore en France, où elle est adoptée par les esprits les plus élevés ; elle est, on peut l'affirmer, le rempart le plus sûr contre l'invasion croissante des doctrines d'athéisme et de matérialisme, prônées par quelques écrivains, qui mettent à la place de l'idée de Dieu l'éternité de la matière et font appel sans cesse aux sciences physiques pour soutenir leurs détestables théories.

Bossuet, dans son *Traité de la connaissance de Dieu et de soi-même;* Fénelon, dans son livre *De l'Existence de Dieu*, se montrent les disciples de Descartes, et emploient les mêmes arguments pour démontrer le dogme de l'existence de Dieu et de l'immortalité de l'âme.

Dans son *Traité de l'Existence de Dieu*, Fénelon insiste surtout sur les preuves de l'existence de Dieu *a posteriori* ou tirées de la connaissance de la nature, de l'ordonnance du monde et de la sagesse et de l'intelligence infinies qui se révèlent dans toutes les œuvres de la création.

Quant à la vie future et à la punition des méchants et à la récompense des bons, on peut remarquer la description que donne Fénelon, dans le quatorzième livre de *Télémaque*, de l'Elysée, peinture admirablement poétique et qui ressemble beaucoup à l'idéal d'un paradis chrétien. Le tableau que fait Virgile, dans le sixième livre de l'*Enéide*, de l'Elysée payen, malgré la magnificence des vers, ne peut pas lui être comparé.

Télémaque, au sortir du Tartare, où il a vu le supplice des méchants, commence à respirer, et entrevoit déjà de loin la douce et pure lumière du séjour des héros.

« Il s'avance vers eux, et les voit dans les bocages odoriférants, sur des gazons toujours fleuris. Mille petits ruisseaux d'une onde pure arrosent ces beaux lieux et y font sentir une agréable fraîcheur, un nombre infini d'oiseaux faisaient résonner ces bocages de leurs doux chants.

« On voyait, tout ensemble, les fleurs du printemps qui naissaient sous les pas avec les plus riches fruits de l'automne qui pendaient des arbres.

« Là, jamais on ne ressentit les ardeurs de la furieuse canicule; là, jamais les noirs aquilons n'osèrent souffler ni faire sentir les rigueurs de l'hiver. Ni la guerre altérée de sang, ni la cruelle envie qui mord d'une dent venimeuse et qui porte des vipères entortillées dans son sein et autour de ses bras, ni les jalousies, ni les défiances, ni la crainte, ni les vains désirs, n'approchent jamais de cet heureux séjour de la paix.

« Le jour n'y finit point, et la nuit avec ses sombres voiles y est inconnue. Une lumière pure et douce se répand autour des corps de ces hommes justes et les environne de ses rayons comme d'un vêtement.

« Cette lumière n'est pas semblable à cette lumière sombre qui éclaire les yeux des misérables mortels et qui n'est que ténèbres ; c'est plutôt une gloire terrestre qu'une lumière. Elle pénètre plus subtilement les corps les plus épais que les rayons du soleil ne pénètrent le plus pur cristal. Elle n'éblouit jamais ; au contraire, elle fortifie les yeux et porte dans le fond de l'âme je ne sais quelle sérénité. C'est d'elle seule que ces hommes bienheureux sont nourris ; elle sort d'eux et elle y entre ; elle les pénètre et s'incorpore à eux comme les aliments s'incorporent à nous... Elle fait naître en eux une source intarissable de paix et de joie. Ils sont plongés dans un abîme de joie comme les poissons dans la mer. Ils ne veulent plus rien ; ils ont tout sans rien avoir... Tous leurs désirs sont rassasiés, et leur plénitude les élève au-dessus de tout ce que les hommes vides et affamés recherchent sur la terre.

« Toutes les délices qui les environnent ne leur sont rien, parce que le comble de leur félicité, qui vient du dedans, ne leur laisse aucun sentiment pour tout ce qu'ils voient de délicieux au dehors ; ils sont tels que les dieux qui, rassasiés de nectar et d'ambroisie, ne daigneraient se nourrir de viandes grossières qu'on leur présenterait à la table la plus exquise des hommes mortels.

« Tous les maux s'enfuient loin de ces lieux tranquilles : la mort, la maladie, la pauvreté, la douleur, les regrets, les remords, les craintes, les espérances mêmes qui coûtent souvent autant de peines que les craintes, les divisions, les dégoûts, les dépits, ne peuvent y avoir aucune entrée.

« Les hautes montagnes de Thrace, qui de leurs sommets couverts de neige et de glace depuis l'origine du monde fendent les nues, seraient renversées de leurs fondements, posés au centre de la terre, que les cœurs de ces hommes justes ne pourraient pas même être émus. Seulement, ils ont pitié des misères qui accablent les hommes vivant dans le monde ; mais c'est une pitié douce et paisible qui n'altère en rien leur immuable félicité.

« Une jeunesse éternelle, une félicité sans fin, une gloire toute divine est peinte sur leur visage ; mais leur joie n'a rien de folâtre ni d'indécent, c'est une joie douce, noble, pleine de majesté, c'est un goût sublime de la vérité et de la vertu qui les transporte. Ils sont sans interruption à chaque moment dans le même saisissement de cœur où est une mère qui revoit son cher fils qu'elle avait cru mort, et cette joie, qui échappe bientôt à la mère, ne s'enfuit jamais du cœur de ces hommes ; jamais elle ne languit un instant ; elle est toujours nouvelle pour eux. Ils ont le transport de l'ivresse, sans en avoir le trouble et l'aveuglement...

« Ils repassent avec plaisir ces tristes mais courtes années où ils ont eu besoin de combattre pour devenir bons. Ils admirent le secours des dieux, qui les ont conduits comme par la main au milieu de tant de périls. Je ne sais quoi de divin coule sans cesse au travers de leur cœur, comme un torrent de la divinité même qui s'unit à eux. Ils sont heureux, et sentent qu'ils le seront toujours.

« Dans ce ravissement divin, les siècles coulent plus rapidement que les heures parmi les mortels, et cependant mille et mille siècles écoulés n'ôtent rien à leur félicité toujours nouvelle et toujours entière ; les dieux mêmes les ont couronnés de leurs propres mains avec des couronnes que rien ne peut flétrir. »

CHAPITRE XXIII

J.-J. ROUSSEAU ET LE « VICAIRE SAVOYARD ».

On connaît la vie de J.-J. Rousseau. Il était fils d'un horloger de Genève et il naquit dans cette ville en 1712. Sa mère mourut en lui donnant le jour.

Abandonné par son père, mis en apprentissage chez un graveur qui le maltraite, il échappe de Genève, mène une vie errante pendant quelques jours, et est recueilli par une jeune dame d'Annecy, Mme de Warens, avec laquelle il doit avoir de longues relations. Né avec un goût très vif pour la lecture et pour la musique, il étudie seul, aux Charmettes, maison de campagne où résidait pendant l'été Mme de Warens, et, grâce à un travail opiniâtre, il acquiert des connaissances très variées.

Après diverses aventures, il se rend à Paris, où, protégé par de grandes dames, il se lie avec les littérateurs les plus distingués de l'époque, Diderot, Grimm, Duclos, Mme d'Epinay, etc. Il devient auteur et remporte un prix à l'académie de Dijon, fait jouer un opéra, *le Devin du village*, qui a le plus grand succès, et parvient tout d'un coup à une grande célébrité.

Malheureusement, le caractère ombrageux de J.-J. Rousseau devait faire le tourment de sa vie ; il rompt avec ses amis les philosophes et avec Mme d'Epinay, sa bienfaitrice, et se retire à Montmorency, où il est bien accueilli par le maréchal de Luxembourg, qui avait un château dans le voisinage ; il compose dans cette résidence plusieurs ouvrages, entre autres un roman, la *Nouvelle Héloïse*, qui eut un succès de vogue, le *Contrat social*, et un traité sur l'éducation intitulé l'*Emile*, qui, malgré quelques erreurs et quelques paradoxes, est resté son meilleur ouvrage.

J.-J. Rousseau n'avait jamais partagé l'incrédulité de ses anciens amis les philosophes. Né protestant, il s'était converti au catholicisme pendant son séjour chez M™ de Warens; mais, quelques années après, avec sa mobilité d'esprit, il était revenu au protestantisme.

Parvenu à la maturité de l'âge, et après avoir fait, dit-il, une étude sérieuse des diverses religions, il finit par se rallier aux doctrines du socinianisme.

C'est dans l'*Emile* qu'il développe, avec une éloquence et une magie de style qui lui est propre, cette croyance religieuse qui n'est autre que la doctrine de Socin Fauste, qui admet la morale de l'évangile, mais qui repousse les dogmes, les mystères, le culte du christianisme, et réduit la religion, à la morale près, à la croyance de l'être suprême et de l'immortalité de l'âme.

Cette doctrine religieuse est mise dans l'ouvrage de l'*Emile* sur le compte d'un vicaire du pays de la Savoie, qu'il avait connu autrefois à Turin, qui lui avait témoigné, lorsqu'il était dans la détresse, beaucoup d'amitié et lui avait donné les meilleurs conseils.

Cette *Profession de foi du Vicaire savoyard* fit sensation à cette époque, lui attira même les éloges de Voltaire, qui était son ennemi, et suffirait seule pour donner la plus grande idée du talent d'écrivain de Rousseau. Comme elle n'est pas susceptible d'analyse, nous croyons devoir citer textuellement le passage qui a rapport à la croyance de l'immortalité de l'âme et à la vie future.

Après avoir démontré victorieusement à son jeune disciple, qui n'est autre que Rousseau, l'existence de Dieu, dont le spectacle admirable du monde créé et surtout le témoignage de notre conscience nous donnent la certitude; après avoir fait la distinction qui s'impose à notre raison, de l'esprit et de la matière, plaidé avec éloquence la cause du libre arbitre et de la volonté humaine, repoussé le dogme du fatalisme, prouvé que toutes nos idées ne viennent pas exclusivement des sens, comme l'affirmait l'école sensualiste du dix-huitième siècle, justifié la Providence des maux que nous subissons et dont nous sommes très souvent les auteurs ; enfin après avoir rendu un hommage éclatant à Clarke, l'illustre philosophe anglais, dont nous venons d'exposer les doctrines spiritualistes, le *Vicaire savoyard* poursuit ainsi :

« Celui qui peut tout ne peut vouloir que ce qui est bien ; donc l'être souverainement bon, parce qu'il est souverainement puissant, doit être aussi souverainement juste, autrement il se contredirait lui-même.

« Dieu, dit-on, ne doit rien à ses créatures. Je crois qu'il leur doit tout ce qu'il leur promet en leur donnant l'être ; or, c'est leur promettre un bien que de leur en donner l'idée et de leur en faire sentir le besoin. Plus je rentre en moi-même, plus je me consulte, plus je lis ces mots écrits dans mon âme : Sois juste et tu seras heureux. Il n'en est rien pourtant, à considérer l'état présent des choses ; le méchant prospère et le juste reste opprimé. Voyez aussi quelle indignation s'allume en nous quand cette attente est frustrée. La conscience s'élève et murmure contre son auteur, elle lui crie en gémissant : Tu m'as trompé !

« Je t'ai trompé, téméraire ? Et qui te l'a dit ? Ton âme est-elle anéantie ? As-tu cessé d'exister ? Brutus, ô mon fils, ne souille pas ta noble vie en la finissant ; ne laisse pas ton espoir et la gloire aux champs de Philippes. Pourquoi dis-tu que la vertu n'est rien, quand tu vas jouir du prix de la tienne ? Tu vas mourir, penses-tu ; non, tu vas vivre, et c'est alors que je tiendrai tout ce que je t'ai promis.

« On dirait, aux murmures des impatients mortels, que Dieu leur doit la récompense avant le mérite, et qu'il est obligé de payer leur mérite d'avance. Oh ! soyons bons premièrement, et puis nous serons heureux. N'exigeons pas le prix avant la victoire, ni le salaire avant le travail. Ce n'est point dans la lice, disait Plutarque, que les vainqueurs de nos jeux sacrés sont couronnés, c'est après qu'ils l'ont parcourue.

« Si l'âme est immortelle, elle peut survivre, et si elle survit, la Providence est justifiée. Quand je n'aurais d'autre preuve de l'immatérialité de l'âme que le triomphe du méchant et l'oppression du juste dans ce monde, cela seul m'empêcherait d'en douter. Une si choquante dissonance dans l'harmonie universelle me ferait chercher à la résoudre. Je me dirais : Tout ne finit pas pour nous avec la vie, tout rentre dans l'ordre à la mort. J'aurais, à la vérité, l'embarras de me demander où est l'homme quand tout ce qu'il avait de sensible est détruit.

« Cette question n'est plus une difficulté pour moi sitôt que j'ai reconnu deux substances. Il est très simple que, durant ma vie corporelle, n'apercevant rien que par les sens, ce qui ne leur est pas soumis m'échappe ; quand l'union du corps et de l'âme est rompue, je conçois que l'un peut se dissoudre et l'autre se conserver. Pourquoi la destruction de l'un entraînerait-elle la destruction de l'autre ? Au contraire, étant de natures si différentes, ils étaient, par leur union, dans un état violent, et, quand cette union cesse, ils rentrent tous deux dans leur état naturel : la substance active et vivante regagne toute la force qu'elle employait à mouvoir la substance passive et morte. Hélas ! je le sens trop par mes vices, l'homme ne vit qu'à moitié durant sa vie, et la vie de l'âme ne commence qu'à la mort du corps.

« Mais quelle est cette vie ? Et l'âme est-elle immortelle par sa nature ? Je l'ignore. Mon entendement borné ne conçoit rien sans bornes, tout ce qu'on appelle infini m'échappe... Je conçois, toutefois, comment le corps s'use et se détruit par la division des parties ; mais je ne puis concevoir une destruction pareille de l'être pensant, et, n'imaginant point comment il peut mourir, je présume qu'il ne meurt pas. Puisque cette présomption me console, et n'a rien de déraisonnable, pourquoi craindrai-je de m'y livrer ?

« Je sens mon âme, je la connais par le sentiment et par la pensée ; je sais qu'elle est, sans savoir quelle est son essence... Ici-bas, mille passions ardentes absorbent le sentiment interne... Les humiliations, les disgrâces qu'attire l'exercice des vertus empêchent d'en sentir tous les charmes ; mais, quand, délivrés des illusions que nous font le corps et les sens, nous jouirons de la contemplation de l'être suprême et des vérités dont il est la source, quand la beauté de l'ordre frappera toutes les puissances de notre âme, et que nous serons occupés à comparer ce que nous avons fait avec ce que nous avons dû faire, c'est alors que la voix de la conscience reprendra sa force et son empire ; c'est alors que la volupté pure, qui naît du contentement de soi-même, et le regret de s'être avili distingueront par des sentiments inépuisables le sort que chacun se sera préparé.

« Ne me demandez point, ô mon bon ami, s'il y aura d'autres sources de bonheur et de peines. Je l'ignore, et c'est assez de celle que j'imagine pour me consoler de cette vie et m'en faire espérer une autre.

« Je ne dis pas que les bons sont récompensés, car quel autre bien peut attendre un être excellent que d'exister selon sa nature ? Mais je dis qu'ils seront heureux, parce que leur auteur, l'auteur de toute justice, les ayant faits sensibles, ne les a pas faits pour souffrir, et que, n'ayant pas abusé de leur liberté sur la terre, ils n'ont pas trompé leur destination par leur faute. Ils ont souffert pourtant dans cette vie, ils seront donc dédommagés dans une autre. Ce sentiment est moins fondé sur le mérite de l'homme que sur la notion de bonté et de justice, qui me semble inséparable de l'essence divine. Je ne fais que supposer les lois de l'ordre observées et Dieu constant à lui-même.

« Ne me demandez pas non plus si les peines des méchants seront éternelles et s'il est de la bonté de l'auteur de leur être de les condamner à souffrir toujours. Je l'ignore encore, et je n'ai point la vaine curiosité d'éclaircir des questions inutiles.

« Que m'importe ce que deviendront les méchants ? Je prends peu d'intérêt à leur sort. Toutefois, j'ai peine à croire qu'ils soient condamnés à des tourments sans fin. Si la suprême justice se venge, elle se venge dès cette vie. Vous et vos erreurs, ô nations, êtes ses ministres, elle emploie les maux que vous faites à punir les crimes qui les ont attirés. C'est dans vos cœurs insatiables, rongés d'envie, d'avarice et d'ambition, qu'au sein de vos fausses prospérités, les passions vengeresses punissent vos forfaits.

« Qu'est-il besoin d'aller chercher l'enfer dans l'autre vie ? Il est, dès celle-ci, dans le cœur des méchants. Où cessent nos besoins périssables, où cessent nos désirs insensés doivent cesser aussi nos passions et nos crimes ; de quelle perversité de purs esprits seraient-ils susceptibles ? N'ayant besoin de rien, pourquoi seraient-ils méchants ? Si, destitués de tous nos sens grossiers, tout leur bonheur est dans la contemplation des êtres, ils ne sauraient vouloir que le bien, et quiconque cesse d'être méchant peut-il être à jamais misérable ?

« Voilà ce que j'ai du penchant à croire, sans prendre peine à me décider là-dessus.

« O être clément et bon, quels que soient les décrets, je les adore. Si tu punis éternellement les méchants, j'anéantis ma faible raison devant ta justice ; mais, si les remords de ces infortunés doivent s'éteindre avec le temps, si leurs maux doivent finir, et si la même paix nous attend tous également un jour, je t'en loue. Le méchant n'est-il pas mon frère ? Combien de fois j'ai été tenté de lui ressembler ! Que, délivré de sa misère, il perde aussi la malignité qui l'accompagne, qu'il soit heureux ainsi que moi ; loin d'exciter ma jalousie, son bonheur ne fera qu'ajouter au mien. »

Telle est l'opinion de J.-J. Rousseau au sujet de l'existence de Dieu et du dogme de l'immortalité de l'âme.

Ces doctrines spiritualistes, dont il ne se départit pas pendant sa vie et qu'on retrouve dans tous ses ouvrages lui attirèrent, on ne l'ignore pas, la haine de la secte encyclopédiste, qui était toute-puissante au dix-huitième siècle. Il rompit, comme nous l'avons vu, avec Diderot son ancien ami, avec Grimm, d'Alembert, d'Holbach, et avec Voltaire, qui le plus souvent ne parla de lui qu'avec mépris.

Ses ouvrages et surtout son *Emile* n'exercèrent pas moins une grande influence sur la littérature, les mœurs et les idées religieuses de cette époque et des premières années du dix-neuvième siècle. M. Villemain, dans son éloquent tableau de la littérature du siècle de Louis XV, comparant Voltaire avec Rousseau, fait remarquer que ce dernier a surtout influé sur la politique des gouvernements révolutionnaires qui ont succédé à l'ancien régime, et que tous se sont plus ou moins inspirés des idées démocratiques qu'il a développées dans son *Contrat social*, où quelques vérités se trouvent mêlées à beaucoup d'erreurs et de paradoxes.

Il ajoute que, sous ce rapport, il est bien supérieur à Voltaire, qui, seigneur féodal à son château de Ferney, n'avait pas de grandes aspirations politiques, et se serait contenté de quelques réformes administratives.

Malgré son immense réputation et le prestige qu'il avait exercé sur son siècle, il est même probable qu'il aurait été confondu avec les partisans de l'ancien régime, et qu'à l'époque sanglante de la Terreur, il aurait figuré sur la liste des suspects. Les hommes féroces qui gouvernaient alors la France et qui firent périr sur l'échafaud Lavoisier, Bailly, M™ Roland, Roucher, André Chénier et tant d'autres personnages illustres, n'auraient pas épargné davantage le seigneur de Ferney, riche de plus de 200 mille livres de rentes.

Quoi qu'il en soit, M. Villemain, en reconnaissant la supériorité de Rousseau, dont les théories politiques ont dominé toute la Révolution, croit, en revanche, pouvoir attribuer à Voltaire une influence plus grande sur le mouvement littéraire de la fin du dix-huitième siècle et des premières années du dix-neuvième.

Mais il nous semble, sauf erreur, que la supériorité sur ce point appartient encore à Rousseau. N'est-ce pas de lui, en effet, que procèdent directement, comme philosophes spiritualistes et même comme écrivains, tant d'hommes illustres de l'époque : Bernardin de St-Pierre, Châteaubriand, M™ de Staël, Villemain, Cousin, Royer-Collard, Lamartine, Victor Hugo, Alfred de Vigny, Alexandre Soumet, Guizot, A. Thierry, de Barante, M™ Sand et tant d'autres que nous pourrions citer? Tout en rendant justice au talent prodigieux de Voltaire, on peut affirmer, ce semble, que son école littéraire n'a pas fourni des écrivains aussi célèbres que ceux que nous venons de nommer.

Ne peut-on pas trouver la cause de cette infériorité dans les opinions philosophiques de Voltaire?

L'esprit de critique dominait chez lui et dans son école; le souffle religieux, l'enthousiasme, le sentiment de l'infini qui élèvent l'âme et qui ont produit tant de chefs-d'œuvre, lui manquaient presque entièrement, et, malgré tout son esprit, il n'avait pu transmettre ces grandes qualités à ses successeurs.

Paul et Virginie, ce roman admirable de Bernardin de Saint-Pierre, *Atala*, *René*, le *Génie du christianisme*, l'*Itinéraire de Paris à Jérusalem*, les *Martyrs*, de Chateaubriand ; les premières odes de Victor Hugo, les poésies inimitables de Lamartine, et beaucoup d'autres ouvrages de la première moitié du dix-neuvième siècle appartiennent à l'école de l'auteur d'*Emile* ; aussi, malgré les erreurs et les idées paradoxales disséminées dans ses ouvrages, malgré la direction vicieuse qu'il a fait prendre à la politique de son pays, enfin malgré ses erreurs de conduite plus grandes encore, le nom de Rousseau vivra, parce que ses idées spiritualistes, sa croyance en Dieu et sa foi à une vie future sont conformes aux aspirations du genre humain, et parce qu'il y avait en lui ce souffle divin et cet enthousiasme qui seuls assurent aux œuvres de l'art l'immortalité.

CHAPITRE XXIV

BERNARDIN DE SAINT-PIERRE : « PAUL ET VIRGINIE ».

Bernardin de Saint-Pierre, né au Havre en 1737, descendait, on le croit, d'Eustache de Saint-Pierre, défenseur de Calais assiégé par Edouard III et qui se dévoua pour sa patrie. Ayant perdu sa mère de bonne heure, et presque abandonné par son père, qui se remaria, il eut une jeunesse très agitée et plus aventureuse que celle de J.-J. Rousseau. A l'âge de douze ans, s'inspirant de la lecture de Robinson Crusoé, il fait un voyage à la Martinique ; à son retour, il entre chez les Jésuites de Caen, et rêve le rôle de missionnaire et de martyr.

En 1757, il avait atteint sa vingtième année ; on le retrouve à l'école des ponts et chaussées, et il en sort avec le brevet d'ingénieur. Il est envoyé à Düsseldorf ; mais il est privé de son grade pour cause d'insubordination. Réduit à la pauvreté, il est obligé de donner quelque temps, à Paris, des leçons de mathématiques.

Entraîné par son humeur inconstante et mélancolique, il mène une vie errante dans toute l'Europe. On le voit tour à tour journaliste à Amsterdam, officier en Russie, où, grâce à sa bonne mine, il est bien accueilli par Catherine II. Il manque encore une fois sa fortune : il peut épouser la nièce du général Bosquët; mais, par une délicatesse outrée, il refuse parce qu'elle était riche et qu'il était pauvre.

Il se dégoûte du service de la Russie et passe en Pologne, où il devient l'amant d'une princesse polonaise; il se voue à la défense de ce royaume, que de puissants voisins veulent se partager.

Après tant d'aventures, il rentre en France, pauvre et désillusionné; il obtient, grâce à la protection du baron de Breteuil, d'être envoyé à l'Ile-de-France en qualité d'ingénieur. Mais, en butte aux tracasseries des autres ingénieurs, il se dégoûte, et, après trois années de ce séjour, il revient en France et publie une relation de son voyage qui a quelque succès.

Bien accueilli par les encyclopédistes et par d'Alembert, il est admis dans les salons de Mlle Lespinasse. Il ne peut se faire au ton de cette société spirituelle; aigri aussi peut-être par ses malheurs et par les déceptions qu'il avait éprouvées, il rompt avec ses protecteurs, et, jeté de nouveau dans la solitude, il se lie avec J.-J. Rousseau aussi sauvage et aussi mélancolique que lui.

Il s'inspire à son école, et publie en 1784 son ouvrage des *Études de la nature*, où les doctrines spiritualistes de son maître, les preuves de l'existence de Dieu et de l'immortalité de l'âme, la justification des voies de la Providence sont exposées dans un style enchanteur. A ces vérités morales sont jointes des descriptions charmantes des beautés de la nature, des observations pleines d'intérêt, résultat de ses nombreuses pérégrinations. Cet ouvrage fut beaucoup lu, et lui valut un grand succès littéraire.

Les *Etudes de la nature* furent suivies de la publication du roman de *Paul et Virginie*, qui enleva tous les suffrages, véritable chef-d'œuvre que rien n'a surpassé, et qui, resté son véritable titre de gloire, a rendu son nom immortel.

C'est dans cette charmante pastorale, où Bernardin de Saint-Pierre s'est inspiré de la Bible, de Virgile, et où se trouvent les tableaux les plus gracieux de cette belle nature des tropiques, qu'il a le plus insisté sur le dogme de la vie future et sur la récompense que reçoivent dans un monde meilleur les âmes vertueuses qui ont aimé Dieu et qui se sont dévouées pour leurs semblables.

Virginie, l'héroïne du roman, renvoyée de Paris à l'Ile-de-France, où se trouvent sa mère et Paul, son amant, par une tante bizarre qui voulait lui faire épouser un homme de la cour, qu'elle ne pouvait pas aimer, parce qu'elle avait promis à Paul en partant de n'être jamais qu'à lui, Virginie, dis-je, fait naufrage à la vue de l'Ile-de-France, sous les yeux de son amant, qui cherche en vain à la sauver.

Ce jeune homme, accablé par ce malheur, se livre au plus violent désespoir, il mène pendant quelques jours une vie errante, revoyant partout les lieux qui lui rappellent le souvenir de sa chère Virginie, et ne voulant recevoir aucune consolation.

Un colon, son ami et ami de sa famille, cherche par tous les moyens à l'arracher à ce désespoir qui menace d'anéantir sa raison. Nous ne pouvons nous dispenser de citer ce discours éloquent, où l'âme de Bernardin de Saint-Pierre et sa foi spiritualiste, presque chrétienne, lui ont inspiré les plus beaux et les plus nobles sentiments :

« Vous l'avez perdue, lui dit son vieil ami, et ce n'est ni votre imprudence, ni votre fausse sagesse, qui l'ont fait perdre ; mais Dieu même, qui a employé les passions d'autrui pour vous ôter l'objet de votre amour...

« Voilà ce que vous pouvez dire dans votre infortune : je ne l'ai pas méritée. Est-ce donc le malheur de Virginie, sa fin, son état présent que vous déplorez ? Elle a subi le sort réservé à la naissance, à la beauté et aux empires mêmes.

« La vie de l'homme avec tous ses projets s'élève comme une petite tour, dont la mort est le couronnement. En naissant, elle était condamnée à mourir. Heureuse d'avoir dénoué les liens de la vie avant sa mère, avant la vôtre, avant vous, c'est-à-dire de n'être pas morte plusieurs fois avant la dernière.

« La mort, mon fils, est un bien pour tous les hommes ; elle est la nuit de ce jour inquiet qu'on appelle la vie. C'est dans le sommeil de la mort que reposent pour jamais les maladies, les douleurs, les chagrins, les craintes qui agitent sans cesse les malheureux vivants.

« Examinez les hommes qui paraissent les plus heureux, vous verrez qu'ils ont acheté leur prétendu bonheur bien chèrement : la considération publique, par des maux domestiques ; la fortune, par la perte de la santé ; le plaisir si rare d'être aimé, par des sacrifices continuels ; et souvent, à la fin d'une vie sacrifiée aux intérêts d'autrui, ils ne voient autour d'eux que des amis faux et des parents ingrats...

« Mais Virginie existe encore. Mon fils, voyez que tout change sur la terre et que rien ne s'y perd. Aucun art humain ne pourrait anéantir une particule de matière, et ce qui fut raisonnable, sensible, aimant, vertueux, religieux, aurait péri lorsque les éléments dont il était revêtu sont indestructibles! Ah! si Virginie a été heureuse avec nous, elle l'est maintenant bien davantage.

« Il y a un Dieu, mon fils, toute la nature l'annonce; je n'ai pas besoin de vous le prouver. Il n'y a que la méchanceté des hommes qui leur fasse nier une justice qu'ils craignent. Son sentiment est dans votre cœur, ainsi que ses ouvrages sont sous vos yeux. Croyez-vous donc qu'il laisse Virginie sans récompense? Croyez-vous que cette même puissance qui avait revêtu cette âme si noble d'une forme si belle, où vous sentiez un art divin, n'aurait pu la tirer des flots? Que celui qui a arrangé le bonheur actuel des hommes par des lois que vous ne connaissez pas ne puisse en préparer un autre à Virginie par des lois qui nous sont également inconnues?

« Quand nous étions dans le néant, si nous eussions été capables de penser, aurions-nous pu nous former une idée de notre existence? Et maintenant que nous sommes dans cette existence ténébreuse et fugitive, pouvons-nous prévoir ce qu'il y a au delà de la mort, par où nous en devons sortir.

« Dieu a-t-il besoin, comme l'homme, du petit globe de notre terre pour servir de théâtre à notre intelligence et à sa bonté, et n'a-t-il pu propager la vie humaine que dans les champs de la mort? Il n'y a pas dans l'Océan une seule goutte d'eau qui ne soit pleine d'êtres vivants qui ressortissent à nous, et il n'existerait rien pour nous parmi tant d'astres qui roulent sur nos têtes! Quoi! il n'y aurait d'intelligence suprême et de bonté divine précisément que là où nous sommes et dans ces globes rayonnants et innombrables, dans ces champs infinis de lumière qui les environnent, que ni les orages ni les nuits n'obscurcissent jamais, il n'y aurait qu'un espace vain et un néant éternel!

« Si nous, qui ne nous sommes rien donné, osions

assigner des bornes à la puissance de laquelle nous avons tout reçu, nous pourrions croire que nous sommes ici, sur les limites de son empire, où la vie se débat avec la mort et l'innocence avec la tyrannie !

« Sans doute, il est quelque part un lieu où la vertu reçoit sa récompense ; Virginie maintenant est heureuse. Ah ! si, du séjour des anges, elle pouvait se communiquer à vous ; elle vous dirait comme dans ses adieux : O Paul, la vie n'est qu'une épreuve. J'ai été trouvée fidèle aux lois de la nature, de l'amour et de la vertu. J'ai traversé les mers pour obéir à mes parents, j'ai renoncé aux richesses pour conserver ma foi, et j'ai mieux aimé perdre la vie que de violer la pudeur.

« Le ciel a trouvé ma carrière suffisamment remplie. J'ai échappé pour toujours à la pauvreté, à la calomnie, aux tempêtes, au spectacle des douleurs d'autrui.

« Aucun des maux qui effraient les hommes ne peut plus désormais m'atteindre, et vous me plaignez ! Je suis pure et inaltérable, comme une particule de lumière, et vous me rappelez dans la nuit de la vie ! O Paul ! ô mon ami, souviens-toi de ces jours de bonheur où, dès le matin, nous goûtions la volupté des cieux se levant avec le soleil sur les pitons de ces rochers et se répandant avec ses rayons au sein des forêts. Nous éprouvions un ravissement, dont nous ne pouvions comprendre la cause. Dans nos souhaits innocents, nous désirions être tout vue pour jouir des riches couleurs de l'aurore ; tout odorat pour sentir les parfums de nos plantes ; tout ouïe pour entendre les concerts de nos oiseaux ; tout cœur pour reconnaître ces bienfaits de la divinité.

« Maintenant, à la source de la beauté, d'où découle tout ce qui est agréable sur la terre, mon âme voit, goûte, entend, touche immédiatement ce qu'elle ne pouvait sentir alors à cause de la faiblesse de ses organes.

« Ah ! quelle langue pourrait décrire ces rivages d'un

Orient éternel que j'habite pour toujours ? Tout ce qu'une puissance infinie et une bonté céleste ont pu créer pour consoler un être malheureux ; tout ce que l'amitié d'une foule d'êtres réjouis de la même félicité veut mettre d'harmonie dans des transports communs, nous l'éprouvons sans mélange. Soutiens donc l'épreuve qui t'est donnée, afin d'accroître le bonheur de ta Virginie par des amours qui n'auront plus de terme, par un hymen dont les flambeaux ne pourront plus s'éteindre. Là j'apaiserai tes regrets ; là j'essuyerai tes larmes. O mon ami, mon jeune époux, élève ton âme vers l'infini, pour supporter des peines d'un moment. »

« Ma propre émotion mit fin à mon discours », ajoute le vieux colon. Mais ses paroles éloquentes ne purent calmer les regrets du malheureux Paul, et il succomba bientôt à la douleur que lui avait causée la perte de celle qu'il avait uniquement aimée et qu'un sort funeste lui avait enlevée si misérablement.

Bernardin de Saint-Pierre retira une somme raisonnable des *Etudes de la nature* et du roman de *Paul et Virginie*. Il épousa la fille du célèbre éditeur Didot, fut nommé par le gouvernement intendant du Jardin des Plantes, poste qu'avait occupé Buffon pendant de longues années, et devint membre de l'Académie française. La fortune, qui lui avait été si longtemps contraire, parut enfin lui sourire et lui accorder ses faveurs ; arrivé au faîte de la gloire littéraire et au milieu d'une société que l'incrédulité avait gagnée, il conserva les croyances religieuses qui l'avaient soutenu pendant les cruelles épreuves de sa vie et qu'il avait manifestées avec tant d'éclat dans ses ouvrages.

Une occasion se présenta à l'Académie d'avouer hautement ses principes religieux, et la profession de foi qu'il fit alors devant ses collègues plus ou moins libres penseurs ou même athées qui le raillaient de ses idées superstitieuses honorent son caractère, et en revanche durent lui attirer le respect de toutes les personnes honnêtes.

C'était en 1798. Bernardin de Saint-Pierre avait été chargé de faire le rapport du prix de morale, que distribuait l'Académie. Il s'agissait de résoudre cette question : *Quelles sont les institutions les plus propres à former la morale d'un peuple ?* Tous les concurrents l'avaient traitée au point de vue des doctrines matérialistes de l'époque.

Bernardin de Saint-Pierre fut indigné des idées émises par les auteurs des Mémoires. Il crut devoir les combattre, et il termina son rapport par une profession de foi éloquente dans laquelle il affirmait, avec les plus grands hommes, l'existence de Dieu et la croyance à l'immortalité de l'âme.

Aimé Martin, son élève et son ami, rapporte la scène scandaleuse (1) à laquelle donna lieu la lecture de son rapport et surtout la déclaration solennelle de ses principes religieux. Un cri de fureur s'éleva de toutes les parties de la salle. Les uns le persiflaient en lui demandant s'il avait vu Dieu et quelle figure il avait ; les autres s'indignaient de sa crédulité. Les plus calmes lui adressaient des paroles méprisantes. Des plaisanteries on en vint aux insultes ; on outrageait sa vieillesse, on le traitait d'homme faible, superstitieux, on le menaçait de le chasser de l'assemblée... Au milieu du tumulte, il essayait en vain de placer un mot, on refusait de l'entendre, et le médecin Cabanis, emporté par la colère, s'écriait : Je le jure, il n'y a pas de Dieu, et je demande que son nom ne soit jamais prononcé dans cette enceinte. Bernardin de Saint-Pierre ne veut pas en entendre davantage, il se tourne vers Cabanis, et lui dit froi-

---

(1) Manuscrit de Bernardin de Saint-Pierre cité par Aimé Martin.

dement : « Votre maître Mirabeau eût rougi des paroles que vous venez de prononcer. » A ces mots, il se retire, et l'assemblée continue à délibérer si elle laissera prononcer le nom de Dieu dans le rapport qui lui a été soumis.

M. de Saint-Pierre, ému d'une pareille scène, s'était retiré dans la bibliothèque. Il réfléchit qu'il était de son devoir de protester contre la conduite de ses collègues, et de maintenir contre tous l'intégrité de son rapport et le passage qui avait excité une si furieuse tempête. Il se hâta d'écrire d'inspiration quelques pages pleines d'éloquence, qu'il crut capables de porter la conviction dans l'âme de ses adversaires, et de les faire revenir sur leur jugement. Son travail terminé, il rentre dans la salle des séances ; ses collègues s'étonnent de le revoir ; mais il reprend sa place et, sans s'inquiéter de leurs clameurs, il demande à être entendu. Ayant obtenu un moment de silence, il rappelle tout son courage, et dit :

« Après avoir porté votre jugement sur les Mémoires qui ont concouru pour le prix de morale, vous examinerez sans doute la fin de mon rapport, qui a excité de si étranges réclamations.

« On vous a proposé de ne jamais prononcer le nom de Dieu à l'Institut...

« Je suis obligé de vous dire que, dans un rapport publié sur les institutions qui peuvent fonder la morale d'un peuple, il y va de votre devoir de manifester le principe d'où dérive toute morale privée ou publique.

« Je ne vous citerai point, à ce sujet, le consentement universel des nations, l'autorité des hommes de génie de tous les temps, et notamment celle des législateurs. Je ne vous dirai point qu'il faut nécessairement une cause ordonnatrice et intelligente à tant de créatures organisées et intelligentes, qui ne se sont rien donné et qui ne peuvent être leur cause à elles-mêmes. Si je voulais vous prouver l'existence de l'auteur de la nature, je me croirais aussi insensé que si je voulais vous démontrer en plein midi l'existence du soleil.

« Il s'agit seulement de décider si, pour quelques ménagements particuliers, vous rejetterez de mon rapport sur la morale dans une séance publique l'idée d'un être suprême, rémunérateur et vengeur.

« Pour moi, je rougirais de voiler cette vérité pour complaire à une faction qui flatte les puissants en tâchant de leur persuader qu'ils n'ont pas d'autre juge de leur conscience que les hommes, c'est-à-dire qu'ils n'en ont pas.

« Je n'ai point été coupable d'une si criminelle complaisance sous le régime même de la Terreur. Robespierre, qui cherchait à couvrir le sang qu'il versait du manteau de la philosophie, sachant que je demandais à son comité la restitution d'une pension, mon unique revenu, me fit dire qu'il n'y avait point de fortune où je ne pusse prétendre, si je voulais représenter sa conduite comme le résultat d'une mesure philosophique.

« Je répondis à son agent que j'avais étudié les lois de la nature, mais que j'ignorais celles de la politique.

« Mon refus d'écrire en sa faveur pouvait être suivi de ma mort. Mais j'étais résolu de perdre ma tête plutôt que ma conscience; et, si le pouvoir et les bienfaits de ce despote qui voyait à ses pieds la République consternée le combler d'adulations, et qui avait entre ses mains ma fortune et ma vie, n'ont pu me faire parler pour manquer à l'humanité, il n'est aucune puissance qui pût me faire écrire pour manquer à la divinité qui m'a donné le courage de ne pas fléchir le genou devant un tyran.

« Si je lis donc à la tribune de l'Institut mon rapport sur les Mémoires du concours..., je ne changerai rien à ma péroraison. C'est ma profession de foi en morale, et elle doit être la vôtre. Elle est celle du genre humain ; elle est celle des hommes que vous avez honorés par des fêtes publiques, de Jean-Jacques, qu'une faction vindicative a persécuté pendant sa vie et poursuit encore aujourd'hui après sa mort jusque dans ses amis.

« Si vous redoutez son crédit, chargez quelque autre que moi de faire un discours qui puisse lui convenir. Je ne peux dissimuler sur de si grands intérêts. Rendez-moi à mes propres travaux, à ma solitude, à mon bonheur, à la nature ; en rejetant le travail dont vous m'avez chargé, il y va, non de mon honneur, mais du vôtre... Vous devez être certains que, si vous flattez cette secte insensée, elle vous subjuguera, elle vous ôtera jusqu'à la liberté de vos élections, de vos choix, de vos opinions, comme elle a déjà tenté de le faire... Pourquoi la craindriez-vous ? La République vous donne à tous la liberté de parler. L'accorderait-elle aux uns pour nier publiquement la divinité, et la refuserait-elle aux autres pour en faire l'aveu ? Nos gouvernants n'ont-ils pas institué la théophilanthropie ? La déclaration de l'existence de l'être suprême n'est-elle pas inscrite sur tous les monuments religieux de la France ? Non seulement cet hommage rendu à la divinité existe au frontispice des églises, mais il est là à la tête même de la Constitution...

« Le peuple français, y est-il dit, proclame en présence de l'être suprême la déclaration des droits et des devoirs de l'homme et du citoyen.

« La classe des sciences morales et politiques rougirait-elle de terminer un rapport sur ces mêmes droits et ces mêmes devoirs par un hommage dont l'Assemblée nationale s'est honorée à la tête de la Constitution ?

« Mais j'ai honte moi-même de vous exciter à votre devoir... Il y va de la vérité fondamentale de toute société humaine, du frein à imposer aux méchants qui se feraient une autorité de votre silence et du repos des gens de bien qui en frémiraient.

« Vous rappellerez par vos aveux des frères égarés... C'est la méchanceté des hommes qui leur fait méconnaître une Providence dans la nature. Votre confiance ranimera leur confiance. Déclarez donc à l'Institut que vous regardez l'existence de Dieu comme la base de toute morale ; si quelques intrigants en murmurent, le genre humain vous applaudira. »

« Je rends grâce au ciel, ajoute Aimé Martin, qui m'a permis de presser la main qui traça ces lignes courageuses, de contempler ces cheveux blancs, honorés des insultes de l'impiété, d'entendre enfin celui que les promesses ne purent séduire, que la pauvreté ne put corrompre et que les menaces trouvèrent insensible ! »

Bernardin de Saint-Pierre, qui a écrit tant de pages éloquentes sur le gouvernement de la Providence, sur la présence de Dieu dans ses œuvres, sur l'immortalité de l'âme, s'inspirait-il de Fénelon, dont le style plein de douceur et d'harmonie a tant de rapport avec le sien, ou de celui de Rousseau, son ami ? Était-il seulement déiste, ou socinien comme ce dernier, convaincu de l'existence de Dieu et de l'immortalité de l'âme, mais ne dépassant pas les limites de la religion naturelle ? Ou bien, comme Clarke, dont nous avons déjà parlé (1), admettait-il la religion révélée et la regardait-il comme une suite nécessaire et un développement du dogme de l'existence de Dieu et de l'immortalité de l'âme ?

Les pages du roman *Paul et Virginie*, empreintes d'un bout à l'autre de l'esprit chrétien, et les quelques lignes des *Études de la nature* que nous allons citer nous paraissent résoudre cette question.

Il fait l'éloge de la religion chrétienne : « Elle seule

(1) *De la Religion naturelle*.

a connu que nos passions infinies étaient d'institution divine. Elle n'a pas borné dans le cœur humain l'amour à une femme et à des enfants, mais elle l'étend à tous les hommes. Elle n'a pas circonscrit l'ambition à la gloire d'un parti ou d'une nation, mais elle l'a dirigée vers le ciel et vers l'immortalité ; elle a voulu que ces passions servissent d'ailes à nos vertus.

« Bien loin qu'elle nous lie sur la terre pour nous rendre malheureux, c'est elle qui y rompt les chaînes qui nous y tiennent captifs. Que de maux elle a adoucis ! Que de larmes elle y a essuyées ! Que d'espérances elle a fait naître quand il n'y avait plus rien à espérer ! Que de repentirs ouverts au crime ! Que d'appuis donnés à l'innocence ! Ah ! lorsque ses autels s'élevèrent au milieu de nos forêts ensanglantées par les couteaux des druides, que les opprimés y vinrent en foule y chercher des asiles, que des ennemis irréconciliables s'y embrassèrent en pleurant, les tyrans sentirent de leurs tours les armes tomber de leurs mains ; ils n'avaient connu que l'empire de la terreur, et ils voyaient apparaître l'empire de la charité.

« Les amants y accoururent, pour y jurer de s'aimer encore au delà du tombeau ; elle ne donnait pas un jour à la haine, et elle promettait l'éternité aux amours !

« Ah ! si cette religion ne fut faite que pour le bonheur des misérables, elle est donc faite pour celui du genre humain (1) ! »

(1) *Études de la nature*, t. I, p. 350.

CHAPITRE XXV

CHATEAUBRIAND : INFLUENCE DE SES OUVRAGES SUR LES CROYANCES RELIGIEUSES DE SON ÉPOQUE.

La philosophie sensualiste du dix-huitième siècle avait porté ses fruits : Voltaire, avec son déisme indécis, contradictoire, son système de fatalisme, ses attaques contre le christianisme dégénérées en une sorte de manie; Diderot, d'Holbach, avec leurs doctrines vagues d'athéisme, de matérialisme, avaient eu de nombreux disciples. Leurs idées, répandues partout, avaient éteint dans une partie de la nation tout sentiment religieux et préparé la plus épouvantable catastrophe dont l'histoire fasse mention.

Les églises, élevées par la piété de nos pères, furent fermées et menacées de destruction; le culte chrétien fut aboli; le clergé, dépouillé de ses biens, persécuté, proscrit, fut déporté ou massacré dans les prisons et conduit en masse à l'échafaud.

Mais un état aussi violent, une tyrannie aussi odieuse, ne pouvaient pas être de longue durée. Le sentiment religieux, qui est au fond de l'âme humaine et qui est indestructible, devait reprendre ses droits, et une réaction contre l'athéisme d'Hébert, de Chaumette et de leurs adhérents était inévitable.

Robespierre lui-même, tout féroce qu'il était et quoiqu'il eût contre lui l'opinion antireligieuse de la Convention presque toute entière, avait donné le signal de ce retour à une croyance, en instituant une fête pour l'être suprême et en proclamant hautement le dogme de l'existence de Dieu et de l'immortalité de l'âme.

C'était la religion naturelle, ou plutôt le socinianisme, que Robespierre, élève de Rousseau et imbu de ses idées philosophiques, entreprenait de restaurer ; cette tentative, qui lui attira une foule d'ennemis au sein de la Convention, ne fut pas étrangère, on ne l'ignore pas, à la conspiration qui se forma contre lui et qui le conduisit à l'échafaud, que sa dictature sanglante lui avait d'ailleurs bien mérité.

Deux ou trois années après, on vit naître la secte des théophilanthropes, que le gouvernement du Directoire encouragea et qui eut à Paris un assez grand nombre de sectateurs, tant le sentiment religieux a des racines profondes dans le cœur de l'homme et résiste à tous les efforts que l'on fait pour le détruire. Pareil à ces plantes vivaces qui bravent la faux et la serpe du cultivateur et renaissent sans cesse, s'il est supprimé d'un côté, il se relève de l'autre.

On ne veut pas d'une religion d'origine divine, et on tombe dans les superstitions les plus étranges, ou on invente des cultes bizarres pour remplacer celui qu'on a perdu. Au plus fort de la Terreur, Hébert et Chaumette instituèrent le culte de la déesse Raison, et cette nouvelle déité, sous la figure d'une femme, parfois d'une prostituée, trôna sur les autels où on offrait auparavant le saint sacrifice.

La réaction religieuse s'accentua bientôt davantage ; un illustre capitaine, après de grandes victoires remportées sur les ennemis de la patrie, croyant lui-même et peu partisan des philosophes ou des idéologues, comme il les appelait, qui avaient plongé la France dans un pareil chaos, ne fut pas plus tôt au pouvoir suprême, du consentement de la nation, qu'il s'empressa de restaurer le culte des ancêtres.

A sa voix, les églises se rouvrirent, et la religion chrétienne, cette grande civilisatrice du genre humain, reprit la place qu'elle doit occuper au sein des nations européennes, et que, malgré les tentatives d'une secte ennemie (1), elle occupera sans doute jusqu'à la fin.

Napoléon eut à combattre les préjugés et les opinions athées de tous ceux qui l'entouraient. Il fut aidé dans cette entreprise de restauration du culte chrétien par un grand écrivain dont la vie n'avait pas été moins tourmentée et moins aventureuse que celle de l'auteur célèbre dont nous venons de parler.

François de Châteaubriand naquit au château de Combourg, près de Saint-Malo, en 1768. Les premières années de sa jeunesse s'écoulèrent en partie dans les collèges de Rennes, de Saint-Malo, de Dinan, où il fit de fortes études, et en partie dans le manoir féodal de Combourg, situé au milieu des grands bois, loin de tout lieu habité, où son âme, trop active pour ce repos forcé des champs, prit ces habitudes de mélancolie qu'il transporta plus tard dans la plupart de ses écrits.

A dix-huit ans, il put quitter Combourg, et il accepta une sous-lieutenance au régiment de Navarre en 1786. L'année d'après, il fut présenté au roi par son frère aîné, qui avait épousé une petite-fille de M. de Malesherbes. Il avait alors dix-neuf ans. Son humeur inconstante et son goût pour les aventures, après quelques années passées à Paris dans la société de plusieurs littérateurs célèbres de l'époque, Chamfort, La Harpe, Ginguené, lui firent abandonner la carrière militaire, et il partit en 1791 pour l'Amérique, avec le projet de découvrir par terre le passage du nord-ouest pour établir une communication entre l'Amérique et l'Asie, passage qu'on a tant cherché depuis et auquel il a fallu renoncer, des glaces perpétuelles fermant toute issue de ce côté.

Il passa une année en Amérique, vivant avec les sauvages, et contemplant avec admiration la nature gran-

---

(1) Les francs-maçons.

diose de ces contrées encore peu habitées, où s'étendaient d'immenses forêts, des lacs semblables à des mers, et que parcouraient de grands fleuves avec leurs majestueuses cataractes.

Ces tableaux, dont on ne pouvait avoir aucune idée dans la vieille Europe, firent une impression profonde sur sa jeune imagination, et il les traduisit plus tard dans ses ouvrages.

Rentré en France en 1792, on le voit combattre avec l'armée des princes ; forcé à la retraite avec ses compagnons du régiment de Navarre, il tombe malade de la petite vérole, arrive à l'île de Jersey presque mourant, et passe ensuite en Angleterre, où, réduit à la plus grande misère, il est obligé, pour vivre, de travailler pour les libraires. Il publie à Londres, en 1797, un *Essai sur les révolutions*, qui eut peu de succès, mais où se révèlent déjà les grandes qualités de style qui le rendirent célèbre plus tard.

Enfin, il rentre en France après le 18 brumaire, retrouve ses anciens amis, écrivains comme lui, et ne s'occupe plus que de littérature.

Chateaubriand, dans son *Essai sur les révolutions*, imbu qu'il était alors des idées de J.-J. Rousseau, avait émis sur la religion chrétienne des pensées où se révélaient l'incrédulité et le scepticisme de l'auteur, que les malheurs de l'exil n'avaient pu convertir.

La mort de sa mère, arrivée en 1798 et dont sa sœur, Mme de Farcy, lui annonça la nouvelle, le ramena à la religion de son enfance. Il raconte ainsi, dans une préface de ses ouvrages, ce douloureux évènement de sa vie et le changement qu'il opéra dans ses sentiments :

« Ma mère, après avoir été jetée, à 72 ans, dans des cachots où elle vit périr une partie de sa famille, expira sur un grabat où ses malheurs l'avaient reléguée.

« Le souvenir de mes égarements répandit sur ses

vieux jours une grande amertume; elle chargea en mourant une de mes sœurs de me rappeler à cette religion dans laquelle j'avais été élevé. Ma sœur me manda les derniers vœux de ma mère. Quand sa lettre me parvint en Angleterre, ma sœur elle-même n'existait plus : elle était morte aussi des suites de son emprisonnement.

« Ces deux voix sorties du tombeau, cette mort qui servait d'interprète à la mort me frappèrent; je redevins chrétien. Je n'ai point cédé, j'en conviens, à de grandes lumières surnaturelles : ma conviction est sortie du cœur; j'ai pleuré et j'ai cru ! »

Revenu à la foi, Châteaubriand conçut le plan d'un ouvrage où il devait réfuter les sophismes du dernier siècle, démontrer les beautés du culte chrétien, que les plaisanteries de Voltaire avaient discrédité et couvert de ridicule, ramener enfin les chrétiens égarés au pied des autels, dans ces temples antiques, monuments merveilleux de la foi de nos pères, qui restaient encore fermés, dont une partie étaient en ruines et d'autres menacés de destruction.

L'occasion était favorable pour tenter cette grande entreprise; le peuple regrettait son ancien culte, et un grand nombre de malades réclamaient les secours de la religion sans pouvoir les obtenir.

C'est alors que parut, avec l'approbation du chef de l'État, le *Génie du Christianisme*, c'est le titre du grand ouvrage de Châteaubriand, sorte d'apologie complète de la religion chrétienne, qui exerça une influence extraordinaire sur la société de cette époque.

L'ouvrage est divisé en quatre parties. Dans la première, l'auteur traite des dogmes et de la doctrine; la deuxième et la troisième exposent la poétique du christianisme et ses rapports avec la littérature, les sciences et les arts; la quatrième contient le culte et les cérémonies de l'Église.

On s'accorde à trouver faible la partie dogmatique; mais les trois autres, surtout la poétique du christianisme, sont traitées de main de maître et sont pleines d'intérêt. L'auteur, dont le style est imagé, vivement coloré et digne du sujet, s'y élève naturellement aux plus beaux sentiments et à la plus grande éloquence.

Le *Génie du Christianisme*, avec les épisodes de René et d'Atala et l'*Itinéraire de Paris à Jérusalem*, resteront les meilleurs ouvrages de cet illustre écrivain.

Châteaubriand a exercé sur son siècle une influence aussi grande que Voltaire sur le sien. Seulement, cette influence a été inverse. Celle du premier a été éminemment religieuse, spiritualiste, réparatrice; tandis que l'œuvre de Voltaire et des encyclopédistes, dans l'ensemble, a été essentiellement destructrice et a amené, au point de vue religieux et politique, une horrible catastrophe. Châteaubriand a relevé les autels de la patrie, renoué la chaîne des temps, rétabli une monarchie séculaire, enfin il a par ses ouvrages inspiré aux hommes la foi à l'existence de Dieu et à l'immortalité de l'âme, croyances presque effacées par la philosophie athée des encyclopédistes, qui n'avaient pas eu une idée pour remplacer ce qu'ils avaient détruit.

Quant au talent d'écrivain et au style de ces deux grands hommes, la différence n'est pas moins grande. Châteaubriand, imitateur et disciple de Rousseau, surtout de Bernardin de Saint-Pierre, s'est inspiré de la nature, qu'il a décrite avec une magnificence de style que rien n'a surpassé. Moins correct et ayant moins la science du mot propre que Voltaire, il est, en revanche, plus éloquent que lui; ses ouvrages respirent un sentiment religieux qui élève l'âme, intéresse et émotionne profondément le lecteur. Voltaire, avec son prodigieux esprit et ses talents presque universels, avec son beau style qui brille par l'élégance, la facilité, la clarté, n'a élevé aucun monument durable. Son influence sur les esprits, comme nous l'avons dit, a été négative, et le prestige qu'il a exercé pendant de longues années tend à s'amoindrir et à s'effacer de plus en plus.

On a reproché à Châteaubriand d'être peu convaincu ou du moins de paraître peu convaincu des vérités qu'il expose dans le *Génie du Christianisme*, d'avoir abusé de la rhétorique, d'être superficiel et d'avoir plus de brillant que de solide dans les pensées et surtout dans la tournure de ses phrases. Mais ces reproches, dans l'ensemble de ses œuvres, paraissent peu mérités, ou ne peuvent s'appliquer qu'à un petit nombre de pages du *Génie du Christianisme*; partout ailleurs, dans l'*Itinéraire de Paris à Jérusalem*, dans ses *Lettres sur l'Italie*, dans *les Martyrs*, son style est admirable, et, malgré ses détracteurs, le titre du plus grand écrivain du dix-neuvième siècle ne lui sera pas refusé.

Quant à ses croyances religieuses, on ne peut douter qu'elles ne fussent sincères; son caractère élevé, indépendant, ennemi de tout joug, le rendait incapable d'hypocrisie, et il aurait dédaigné d'affecter des sentiments qu'il n'éprouvait pas. Sa foi ne se démentit pas pendant sa longue carrière, et il mourut en chrétien.

C'est dans le *Génie du Christianisme*, dans l'épisode émouvant d'Atala et dans d'autres endroits de cet ouvrage, qu'il a écrit les plus belles pages sur l'existence de Dieu et sur l'immortalité de l'âme.

Qui ne connaît ce morceau éloquent qu'il avait inséré d'abord dans l'*Essai sur les révolutions* :

« Il est un Dieu ; les herbes de la vallée et les cèdres du Liban le bénissent. L'insecte bruit ses louanges et l'éléphant le salue au lever du soleil ; les oiseaux le chantent dans le feuillage, le vent le murmure dans les forêts, la foudre tonne sa puissance, et l'océan déclare son immensité. L'homme seul a dit : il n'y a point de Dieu !

« Il n'a donc jamais, celui-là, dans ses infortunes, levé ses yeux vers le ciel ? Ses regards n'ont donc jamais erré dans ces régions étoilées où les mondes ont été semés comme des grains de sable ?

« Pour moi, j'ai vu et c'en est assez ; j'ai vu le soleil suspendu aux portes du couchant, dans des draperies d'or et de pourpre. La lune, à l'horizon opposé, montait comme une lampe d'argent dans l'Orient d'azur.

« Les deux astres mêlaient, au zénith, leurs teintes de céruse et de carmin. La mer multipliait la scène orientale en girandoles de diamants, et roulait la pourpre de l'Occident en vagues de roses.

« Les flots calmés, mollement enchaînés l'un à l'autre, expiraient tour à tour à mes pieds sur la rive, et les premiers silences de la nuit et les derniers murmures du jour luttaient sur les coteaux, aux bords des fleuves, dans les bois et dans les vallées.

« O toi que je ne connais point ; toi dont j'ignore le nom et la demeure, invisible architecte de cet univers, qui m'as donné un instinct pour te sentir, et refusé une raison pour te comprendre, ne serais-tu qu'un être imaginaire, que le songe doré de l'infortune ? Mon âme se dissoudra-t-elle avec le reste de ma poussière ? Le tombeau est-il un abîme sans issue ou le portique d'un autre monde ?

« N'est-ce que par une cruelle pitié que la nature a placé dans le cœur de l'homme l'espérance d'une meilleure vie, à côté des misères humaines ? Pardonne à ma faiblesse, père des miséricordes. Non, je ne doute point de ton existence, et, soit que tu m'aies destiné une carrière immortelle, soit que je doive seulement passer et mourir, j'adore tes décrets en silence et ton insecte confesse ta divinité. »

Dans le même ouvrage, chap. 1er, liv. IV, p. 206, Chateaubriand discute les preuves de l'immortalité de l'âme :

« Si ceux qui nient la Providence ne peuvent expliquer sans elle les miracles de la création, ils sont encore plus embarrassés pour répondre aux objections de leur propre cœur. En renonçant à l'être suprême, ils sont obligés de renoncer à une autre vie, et cependant leur âme les agite ; elle se présente pour ainsi dire devant eux et les force, en dépit des sophistes, à confesser son existence et son immortalité.

« Qu'on nous dise d'abord si l'âme s'éteint au tombeau, d'où nous vient ce désir de bonheur qui nous tourmente. Nos passions ici-bas peuvent aisément se rassasier : l'amour, l'ambition, la colère ont une plénitude assurée de jouissance. Le besoin de félicité est le seul qui manque de satisfaction comme d'objet ; car on ne sait ce que c'est que cette félicité qu'on désire.

« Il faut convenir que, si tout est matière, et s'il n'y a rien au delà de cette vie, la nature s'est ici étrangement trompée ; elle a créé un sentiment qui ne s'applique à rien...

« S'il est impossible de nier que l'homme espère jusqu'au tombeau, s'il est certain que les biens de la terre, loin de combler nos souhaits, ne font que creuser l'âme et en augmenter le vide, il faut en conclure qu'il y a quelque chose au delà du temps. « Le monde, dit saint
« Augustin, a des liens pleins d'une véritable âpreté et
« d'une fausse douceur, des douleurs certaines, des plai-
« sirs incertains ; un travail dur, un repos inquiet ; des
« choses pleines de misère et une espérance vide de
« bonheur. » Loin de nous plaindre que le désir de félicité ait été placé dans ce monde et son but dans un autre, admirons en cela la bonté de Dieu ; puisqu'il faut tôt ou tard sortir de la vie, la Providence a mis au delà du terme un charme qui nous attire, afin de diminuer les horreurs du tombeau. »

Châteaubriand tire d'autres preuves de l'immortalité de l'âme du remords, de la conscience, de la négation ou de la suppression de la morale s'il n'y avait pas d'autre vie, du respect de l'homme pour les tombeaux.

Si l'âme périt avec le corps, pourquoi, en effet, ce culte pour les morts, que l'on retrouve chez toutes les nations et le prix que l'on attache à la conservation de leurs cendres ?

Le grand écrivain aurait pu ajouter une dernière preuve, la plus forte de toutes peut-être, je veux dire le consensus de tous les peuples, les plus civilisés comme les plus sauvages, chez lesquels on trouve ces trois vérités primordiales : la croyance à un être suprême, créateur et conservateur de toutes choses, la foi à une vie future et la notion du bien et du mal, idées générales, universelles, qui nous viennent non des sens mais de Dieu qui les a gravées dans notre conscience en caractères indestructibles et qui établissent une ligne de démarcation infranchissable entre l'homme et les animaux.

CHAPITRE XXVI

OPINION DE COUSIN SUR L'IMMORTALITÉ DE L'AME.

La philosophie de la sensation, comme nous l'avons vu, avait succédé au cartésianisme, et en Angleterre avait eu Locke pour promoteur ; elle ne tarda pas à se propager avec Condillac, Grimm, Diderot, Helvétius, d'Alembert, etc., et elle domina pendant tout le dix-huitième siècle.

Elle aboutit, on ne l'ignore pas, d'un côté, au scepticisme de Hume et, de l'autre, au matérialisme et à l'athéisme des grands écrivains de cette époque. Dans l'ordre religieux, elle amena la destruction du culte catholique, et dans l'ordre politique l'anarchie sanglante de 1793. Cette philosophie s'était perdue par ses excès ;

mais, d'après une loi de l'histoire, elle devait être suivie d'une réaction inévitable, et ce retour aux anciennes croyances et aux doctrines spiritualistes occupa la première moitié du dix-neuvième siècle.

Reid et Dugald Stewart, philosophes écossais, commencèrent la lutte contre l'école de Locke et aux idées exclusives de leur prédécesseur, qui rapportait tout à la sensation, ils substituèrent l'étude impartiale et complète de la nature humaine d'après les principes du sens commun.

Cette étude des phénomènes de l'âme, privée de toute hypothèse et de toute théorie aventureuse, forme le caractère distinctif de l'école écossaise.

Laromiguière, en France, fut aussi un des premiers critiques de la philosophie exclusive de Locke et de Condillac; il ajouta aux faits de la sensation, essentiellement passifs, les faits de l'activité de l'âme se révélant par la conscience, la volonté, l'intelligence, etc. Le sentiment ou la conscience prit ainsi la place qu'il doit occuper à côté de la sensation dans l'étude de l'âme humaine et de ses facultés essentielles.

Le spiritualisme s'accentua davantage à mesure qu'on s'éloignait des théories matérialistes du dix-huitième siècle, et ses principaux représentants en France furent Royer-Collard, Cousin, etc.

La philosophie de ce dernier prit d'abord le nom d'éclectisme; mais, dans son livre *Du Vrai, du Beau et du Bien*, il ne la considère plus que comme une méthode pour arriver à la vérité; sa vraie philosophie, ajoute-t-il, c'est le spiritualisme. Cette philosophie, qui procède directement de Descartes, est encore suivie en France par les esprits les plus élevés, et elle a eu dans ces dernières années pour défenseurs Caro, Amédée Jacques, Saisset, Beautain, Gratry, etc.

Cousin naquit à Paris en 1792, et il y est mort en 1867.

Il fit de brillantes études au Lycée Charlemagne, et entra à l'âge de 18 ans à l'Ecole Normale. Deux ans après, il était, dans cette même Ecole, nommé professeur et chargé du cours de littérature française, puis de celui de philosophie. En 1815, il suppléa dans sa chaire, à la Sorbonne, Royer-Collard, que la politique avait enlevé à la philosophie.

Cousin continua dans son enseignement, contre Locke et les encyclopédistes, la lutte qu'avait commencée Laromiguière, surtout Royer-Collard. Il fortifia ses connaissances philosophiques par l'étude de Descartes et des philosophes allemands, Kant, Hegel, Schelling, Fichte, etc. Il a raconté dans la dernière édition de ses *Fragments philosophiques* le voyage qu'il fit en Allemagne et les rapports qu'il eut avec ces savants illustres.

Il continua à professer la philosophie avec éclat jusqu'à l'année 1819 ; mais son cours fut suspendu vers cette époque, à cause de son libéralisme. Deux ans après, l'Ecole Normale elle-même fut dissoute et Cousin dut rentrer dans la vie privée.

Pendant cette période de 1819 à 1827, il se livra plus que jamais à ses études de philosophie ; il publia les *Œuvres de Proclus*, philosophe d'Alexandrie, celles de Descartes, les quatre premiers volumes des *Œuvres de Platon* ; enfin il fit imprimer des *Fragments philosophiques*, où il fait l'histoire de cette science depuis l'Inde jusqu'au dix-huitième siècle.

Le ministère Martignac lui rendit, en 1827, sa chaire de la Sorbonne, où il professa jusqu'à 1830, en même temps que Guizot et Villemain. En 1840, il fit partie du ministère Thiers, et fut rapporteur à la Chambre des pairs de la loi sur l'instruction primaire, qui institua des écoles dans plus de trente mille communes.

Cousin prit sa retraite en 1852, et ne s'occupa plus de littérature et de recherches de philosophie. Pendant cette période, il donna une nouvelle édition des *Œuvres de Proclus* et d'*Abélard*, il publia une cinquième édition des *Fragments de philosophie*, ou histoire de cette science depuis Xénophane jusqu'à Hegel et Maine de Biran. Enfin, il résuma sa philosophie dans un livre intitulé : *Du Vrai, du Beau et du Bien*.

C'est dans ce dernier ouvrage qu'est exposé un résumé de sa doctrine sur l'existence de Dieu, l'immortalité de l'âme, etc.

Dans le chapitre intitulé : *Dieu principe de l'idée du bien*, après avoir affirmé que la spiritualité de l'âme est le fondement nécessaire de l'immortalité, il ajoute que la loi du mérite et du démérite en est la démonstration directe. Cette loi se rattache, en effet, à la notion du bien et du mal, notion innée comme celle de l'existence d'un être suprême, que Dieu a déposée au fond de notre conscience et qui entraîne avec elle l'idée de récompense ou de punition.

« Si Dieu est juste, ajoute Cousin, et si la loi du mérite ou du démérite est absolue, il est évident que la vie actuelle doit se continuer ailleurs, car il s'en faut de beaucoup que, dans ce monde, la vertu soit toujours récompensée et le vice toujours puni.

« Mais cette persistance de la personne est-elle possible ? Après la dissolution du corps, peut-il rester quelque chose de nous-même ?

« A la vérité, la personne morale qui agit bien ou mal et qui en attend la récompense ou la punition est unie à un corps : elle vit avec lui, elle s'en sert, et elle en dépend aussi dans une certaine mesure ; mais elle n'est pas lui. Le corps est composé de parties, il peut diminuer ou augmenter, il est divisible et même divisible à l'infini. Mais ce quelque chose qui a conscience de soi, qui se sent libre et responsable, ne sent-il pas aussi qu'il n'y a pas en lui de division, qu'il est un être simple et un? Y a-t-il une moitié de moi? un quart de moi? Je ne puis pas diviser ma personne. Elle est ce qu'elle est ou elle ne l'est pas. Elle demeure identique à elle-même sous la diversité des phénomènes qui la manifestent. Cette identité, cette indivisibilité, cette unité de la personne, c'est sa spiritualité.

« La spiritualité est donc l'essence même de la personne. La croyance à la spiritualité de l'âme est engagée dans la croyance à l'identité du moi, que nul être raisonnable n'a jamais révoquée en doute.

« Ainsi, il n'y a pas la moindre hypothèse à affirmer que l'âme diffère essentiellement du corps. Ajoutons que, quand nous disons l'âme, nous voulons dire et nous disons expressément la personne. C'est la personne qui est identique..., indivisible ; elle est indissoluble, et elle peut être immortelle. Si donc la justice divine, pour s'exercer sur nous, demande une âme immortelle, elle ne demande pas une chose impossible. La spiritualité de l'âme une fois démontrée, l'immortalité en est une conséquence nécessaire... Toute chose a sa fin. Ce principe est aussi absolu que celui qui rapporte tout évènement à sa cause.

« L'homme a donc une fin. Cette fin se révèle dans toutes ses pensées, dans toutes ses démarches, dans tous ses sentiments, dans toute sa vie. Quoi qu'il fasse, quoi qu'il sente, il pense à l'infini, il tend à l'infini. Ce besoin de l'infini est le grand mobile de la curiosité scientifique, le principe de toutes les découvertes. L'amour aussi ne s'arrête et ne se repose que là. Sur la route, il peut éprouver de vives jouissances ; mais l'amertume secrète qui s'y mêle en fait bientôt sentir l'insuffisance et le vide.

« Souvent, dans l'ignorance où il est de son véritable objet, il se demande d'où vient ce désenchantement fatal dont successivement tous ses succès, tous ses bonheurs sont atteints. S'il savait lire en lui-même, il reconnaîtrait que, si rien ici-bas ne le satisfait, c'est parce que son objet est plus élevé et que le vrai terme où il aspire est la perfection infinie, c'est-à-dire Dieu.

« Enfin, comme la pensée et l'amour, l'activité humaine est sans limites... L'homme est en marche vers l'infini, qui lui échappe toujours, et que toujours il poursuit. Il le conçoit, il le sent, il le porte pour ainsi dire en lui-même. Comment sa fin serait-elle ailleurs? De là cet instinct indomptable de l'immortalité, cette universelle espérance d'une autre vie dont témoignent tous les cultes, toutes les poésies, toutes les traditions. Nous tendons à l'infini de toutes nos puissances. La mort vient interrompre cette destinée qui cherche son terme, elle la surprend inachevée; il est donc vraisemblable qu'il y a quelque chose après la mort, puisque à la mort en nous rien n'est terminé... Cette espérance serait-elle trompée? Tous les êtres atteignent leur fin; l'homme seul n'atteindrait pas la sienne! La plus grande des créatures serait la plus maltraitée!

« Mais un être qui n'atteindrait pas sa fin que tous les instincts proclament serait un monstre dans l'ordre éternel : problème bien autrement difficile à résoudre que les difficultés qu'on élève contre l'immortalité de l'âme.

« Selon nous, cette tendance de tous les désirs, de toutes les puissances de l'âme vers l'infini, éclairée par le principe des causes finales, est une confirmation sérieuse et imposante de la croyance à l'immortalité de l'âme. »

CHAPITRE XXVII

LAMARTINE ET L'IMMORTALITÉ DE L'AME.

Les croyances spiritualistes, qui avaient subi une longue éclipse pendant le dix-huitième siècle, eurent une sorte de renaissance dès que la tempête révolutionnaire se fût calmée. La restauration religieuse qui eut lieu à cette époque eut ses philosophes, ses orateurs, ses historiens, ses grands poètes ; mais le plus grand de tous fut Lamartine.

Ses *Méditations* religieuses, ses *Harmonies* joignent au charme de la poésie les pensées les plus élevées sur Dieu, sur l'immortalité de l'âme. Lamartine, succédant à Bernardin de Saint-Pierre, à Châteaubriand, a continué, dans des vers admirables, l'œuvre de ces grands hommes, et, par un privilège bien rare à une époque où les défections ont été si nombreuses et où on a vu les Lamennais, les Jouffroy, les Sainte-Beuve, les Renan abjurer leurs croyances, et sombrer à la fin sur l'écueil du scepticisme ou du matérialisme, à cette époque, disons-nous, Lamartine, trop méconnu aujourd'hui, a pu, malgré des fautes et des erreurs politiques qu'il a cruellement expiées, conserver sa foi jusqu'à sa dernière heure et mourir en chrétien.

L'idée de l'immortalité de l'âme n'a jamais été exprimée en plus beaux vers que dans la première ode de ses *Méditations*, intitulée : *l'isolement*.

> Souvent sur la montagne, à l'ombre du vieux chêne,
> Au coucher du soleil, tristement je m'assieds,
> Je promène au hasard mes regards sur la plaine
> Dont le tableau changeant se déroule à mes pieds.

. . . .

Au sommet de ces monts couronnés de bois sombres,
Le crépuscule encor jette un dernier rayon,
Et le char vaporeux de la reine des ombres
Monte, et blanchit déjà les bords de l'horizon.

Cependant, s'élançant de la flèche gothique,
Un son religieux se répand dans les airs,
Le voyageur s'arrête, et la cloche rustique
Aux derniers bruits du jour mêle de saints concerts.

Mais, à ces deux tableaux, mon âme indifférente
N'éprouve devant eux ni charme ni transports ;
Je contemple la terre ainsi qu'une âme errante :
Le soleil des vivants n'échauffe plus les morts.

De colline en colline, en vain portant ma vue,
Du sud à l'aquilon, de l'aurore au couchant,
Je parcours tous les points de l'immense étendue,
Et je dis : Nulle part le bonheur ne m'attend !

. . . .

Quand le tour du soleil, ou commence, ou s'achève,
D'un œil indifférent je le suis dans son cours ;
Dans un ciel sombre ou pur qu'il se couche ou se lève,
Qu'importe le soleil ! je n'attends rien des jours.

Quand je pourrais le suivre en sa vaste carrière,
Mes yeux verraient partout le vide et les déserts :
Je ne désire rien de tout ce qu'il éclaire,
Je ne demande rien à l'immense univers.

Mais peut-être au delà des bornes de sa sphère,
Lieux où le vrai soleil éclaire d'autres cieux,
Si je pouvais laisser ma dépouille à la terre,
Ce que j'ai tant rêvé paraîtrait à mes yeux.

Là, je m'enivrerais à la source où j'aspire ;
Là, je retrouverais et l'espoir et l'amour,
Et ce bien idéal que toute âme désire
Et qui n'a point de nom au terrestre séjour !

Que ne puis-je, porté sur le char de l'Aurore,
Vague objet de mes vœux, m'élancer jusqu'à toi !
Sur la terre d'exil pourquoi restai-je encore ?
Il n'est rien de commun entre la terre et moi.

Quand la feuille des bois tombe dans la prairie,
Le vent du soir s'élève et l'arrache aux vallons ;
Et moi je suis semblable à la feuille flétrie.
Emportez-moi comme elle, orageux aquilons !

CHAPITRE XXVIII

MADAME DE STAËL

Mme de Staël, fille de Necker, ministre de Louis XVI, née à Paris en 1766, morte en 1817, célèbre par ses ouvrages et par le rôle éminent qu'elle a joué dans les lettres et dans la politique depuis 1789 jusqu'aux premières années de la Restauration, a eu le mérite, au milieu de la société plus ou moins incrédule et matérialiste de la fin du dix-huitième siècle, de protester contre ces tendances et de maintenir ses croyances religieuses jusqu'à la fin.

Aucun littérateur de cette époque n'a combattu, en effet, avec plus d'énergie et plus de conviction les doctrines des philosophes sensualistes qui, s'inspirant de Locke, avaient réduit l'esprit humain aux seules impressions des sens, mutilant de parti pris l'âme humaine, rayant d'un seul trait tous les faits qui sont du domaine de la conscience et n'admettant d'autre méthode pour arriver à la vérité que l'expérience. C'est surtout dans son livre admirable de l'*Allemagne* que Mme de Staël a exposé ses idées sur la philosophie de la sensation, et jugé avec un discernement parfait et une grande élévation de pensées, les doctrines matérialistes de son temps.

Les quelques pages que nous allons citer prouveront qu'aucun des écrivains qui lui ont succédé n'ont traité ces questions avec plus de lucidité et n'ont mieux établi la part qu'il faut faire dans le travail de la pensée, d'un côté, aux sensations, de l'autre, aux idées qui ne peuvent pas en dériver et qui paraissent être le produit naturel et inné de notre constitution pensante :

« L'esprit humain, dit Luther, est comme un paysan ivre à cheval : quand on le relève d'un côté, il retombe de l'autre. Ainsi l'homme a flotté sans cesse entre ces deux natures. Tantôt ses pensées le dégageaient de ses sensations, tantôt ses sensations absorbaient ses pensées, et successivement il voulait tout rapporter aux unes ou aux autres.

« Il me semble, cependant, que le moment d'une doctrine stable est arrivé ; la métaphysique doit subir une révolution semblable à celle qu'a faite Copernic dans le système du monde ; elle doit replacer notre âme au centre, et la rendre en tout semblable au soleil, autour duquel les objets extérieurs tracent leur cercle, et dont ils empruntent la lumière (1). »

La réforme dont parle Mme de Staël est faite, et elle résulte de l'étude plus attentive et surtout plus impartiale de la nature de l'âme, étude que l'on doit principalement aux travaux de l'école écossaise. Il est évident que l'âme, quoique une, indivisible, impérissable, est composée de trois éléments intimement unis, qui réagissent les uns sur les autres dans le travail de la pensée et dominent tour à tour. De là trois ordres de faits qui ressortissent, les uns à la sensation, les autres à la raison, les autres au sentiment ou à la conscience. Il en résulte que les philosophes qui ont voulu tout rattacher à la sensation ont été portés à supprimer les idées d'un autre ordre, et spécialement celles qui nous viennent de la conscience, entre autres, l'idée de Dieu et celle de l'immortalité de l'âme.

Mme de Staël continue ainsi :

« Les preuves de la spiritualité de l'âme ne peuvent se trouver dans l'empire des sens ; le monde visible est abandonné à cet empire, mais le monde invisible ne saurait y être soumis. Et si l'on n'admet pas des idées spontanées, si la pensée et le sentiment dépendent en

---

(1) *Allemagne*, p. 130.

entier des sensations, comment l'âme dans une telle servitude serait-elle immatérielle ? Et si, comme personne ne le nie, la plupart des faits transmis par les sens sont sujets à l'erreur, qu'est-ce qu'un être moral qui n'agit que lorsqu'il est excité par des objets extérieurs, et par des objets même dont les apparences sont souvent fausses ?

« Un philosophe français a dit que la pensée n'était autre chose qu'un produit matériel du cerveau (1). Cette déplorable définition est le résultat le plus naturel de la métaphysique, qui attribue à nos sensations l'origine de toutes nos idées. On a raison, si c'est ainsi, de se moquer de ce qui est intellectuel et de trouver incompréhensible tout ce qui n'est pas palpable.

« Si notre âme n'est qu'une matière subtile, mise en mouvement par d'autres éléments plus ou moins grossiers, auprès desquels même elle a le désavantage d'être passive ; si nos impressions et nos souvenirs ne sont que les vibrations prolongées d'un instrument dont le hasard a joué, il n'y a que des fibres dans notre cerveau, que des forces physiques dans le monde, et tout peut s'expliquer d'après les lois qui les régissent.

« Il reste bien encore quelques difficultés sur l'origine des choses et le but de notre existence ; mais on a bien simplifié la question, et la raison seule conseille de supprimer en nous-mêmes tous les désirs et toutes les espérances que le génie, l'amour et la religion font concevoir ; car l'homme ne serait alors qu'une mécanique de plus dans le grand mécanisme de l'univers ; ses facultés ne seraient que des rouages, sa morale un calcul et son culte le succès.

« Locke, croyant du fond de son âme à l'existence de Dieu, établit sa conviction sans s'en apercevoir sur des

---

(1) Cette opinion a été développée par Broussais, dans son ouvrage *de l'Irritation et de la Folie*.

raisonnements qui sortent tous de la sphère de l'expérience. Il affirme qu'il y a un principe éternel, une cause primitive de toutes les autres causes ; il entre ainsi dans la sphère de l'infini, et l'infini est par delà toute expérience. Mais Locke avait en même temps une telle peur que l'idée de Dieu ne pût passer pour innée dans l'homme, il lui paraissait si absurde que le créateur eût daigné, comme un grand peintre, graver son nom sur le tableau de notre âme, qu'il s'est attaché à découvrir, dans tous les récits des voyageurs, quelques peuples qui n'eussent aucune croyance religieuse. On peut, je crois, l'affirmer hardiment, ces peuples n'existent pas. Le mouvement qui nous élève jusqu'à l'intelligence suprême se retrouve dans le génie de Newton comme dans l'âme du pauvre sauvage dévot envers la pierre sur laquelle il s'est reposé. Nul homme ne s'en est tenu au monde extérieur tel qu'il est, et tous se sont senti au fond du cœur, dans une époque quelconque de leur vie, un indéfinissable attrait pour quelque chose de surnaturel ; mais comment se peut-il qu'un être aussi religieux que Locke s'attache à changer les caractères primitifs de la foi en une connaissance accidentelle que le sort peut nous ravir ou nous accorder ?...

« Tout ce qui est visible parle à l'homme de commencement et de fin, de décadence et de destruction. Une étincelle divine est seule en nous l'indice de l'immortalité. De quelle sensation vient-elle ? Toutes les sensations la combattent, et cependant elle triomphe de toutes. Quoi ! dira-t-on, les causes finales, les merveilles de l'univers, la splendeur des cieux qui frappent nos regards ne nous attestent-elles pas la magnificence et la bonté du créateur ?

« Le livre de la nature est contradictoire ; l'on y voit les emblèmes du bien et du mal presque en égale proportion, et il en est ainsi pour que l'homme puisse exercer sa liberté entre des probabilités opposées, entre des craintes et des espérances à peu près de même force.

« Le ciel étoilé nous apparaît comme le parvis de la divinité ; mais tous les maux et tous les vices des hommes obscurcissent ces feux célestes. Une seule voix sans parole mais non pas sans harmonie, sans force mais irrésistible, proclame un Dieu au fond de notre cœur. Tout ce qui est vraiment beau dans l'homme naît de ce qu'il éprouve intérieurement et spontanément, toute action héroïque est inspirée par la liberté morale. L'acte de se dévouer à la volonté divine, cet acte que toutes les sensations combattent et que l'enthousiasme seul inspire, est si noble et si pur, que les anges eux-mêmes, vertueux par nature et sans obstacle, pourraient l'envier à l'homme.

« La métaphysique qui déplace le centre de la vie, en supposant que son impulsion vient du dehors, dépouille l'homme de sa liberté et se détruit elle-même ; car il n'y a plus de nature spirituelle dès qu'on l'unit tellement à la nature physique, que ce n'est plus que par respect humain qu'on les distingue encore ; cette métaphysique n'est conséquente que lorsqu'on fait dériver, comme en France, le matérialisme fondé sur les sensations et la morale sur l'intérêt.

« La théorie abstraite de ce système est née en Angleterre ; mais aucune de ses conséquences n'y a été admise. En France, on n'a pas eu l'honneur de la découverte, mais bien celui de l'application.

« En Allemagne, depuis Leibnitz, on a combattu le système et les conséquences. Il faut l'avouer, il est digne des hommes éclairés et religieux de tous les pays d'examiner si des principes dont les résultats sont si funestes doivent être considérés comme des vérités incontestables. »

CHAPITRE XXIX

PIERRE LEROUX. — SON OPINION AU SUJET DE LA VIE FUTURE.

Il ne faut pas s'étonner si cette vie future dont tous les hommes, nous l'avons vu, ont le vague pressentiment, mais dont les conditions sont couvertes d'un voile impénétrable, a excité dans tous les temps la curiosité des poètes, des philosophes et en général de tout homme qui pense, et si l'imagination des uns et des autres s'est donné libre carrière pour avoir une idée de cette vie surnaturelle qui est restée un secret entre Dieu et nous.

Après les religions de l'Inde et la série interminable des transmigrations qui forment le fond des croyances de Brahma et de Bouddha, nous avons passé en revue les superstitions populaires de la Grèce antique, les tableaux éminemment poétiques d'Homère, de Virgile, les imaginations bizarres des peuples sauvages de l'ancien et du nouveau monde; puis sont venus les dogmes du christianisme, les croyances à l'enfer, au purgatoire, au paradis, imposées à notre foi, mais qui, faute de détails, nous apprennent peu de chose et ne nous donnent qu'une idée vague des tourments des méchants et des joies que peuvent éprouver les élus dans le ciel.

Fénelon a fait dans le *Télémaque* une description très poétique d'un Elysée plutôt chrétien que païen. Nous avons vu quel était le ciel de Mahomet et les plaisirs sensuels qu'il promet aux vrais observateurs du Koran.

Voici une nouvelle solution donnée au problème de la vie future par un philosophe contemporain, Pierre Leroux. Quelque bizarre que paraisse cette opinion, nous devons en dire un mot.

Pierre Leroux, né à Paris en 1798, appartenait à une famille pauvre; il abandonna la carrière de l'Ecole polytechnique, quoi qu'il eût été admis, et, pour venir plus tôt au secours de ses parents, il se consacra au journalisme et aux lettres. Il fut un des collaborateurs du *Globe*, et embrassa d'abord le saint-simonisme.

S'étant séparé plus tard d'Enfantin, il travailla avec J. Reynaud à l'*Encyclopédie moderne*, grande entreprise qui ne fut jamais terminée. Il se contenta de publier les articles philosophiques extraits de cet ouvrage, en un volume in-12 et ayant pour titre : *Réfutation de l'éclectisme*. On le voit collaborer ensuite à la *Revue des Deux-Mondes* et plus tard à la *Revue indépendante* avec Viardot et Mme Sand. On a de lui une bonne traduction de *Werther*, de Gœthe, et beaucoup d'autres ouvrages sur la philosophie et l'économie politique, où se trouvent exposées les doctrines démocratiques et socialistes de l'auteur.

Un de ces ouvrages et le plus important est intitulé : *De l'Humanité, de son Principe et de son Avenir* (2 vol. in-8°, 1839). Pierre Leroux expose dans ce livre que l'humanité, être collectif et dont le type est invariable, se recrute par elle-même, que les individus qui meurent ne cessent pas d'en faire partie et qu'ils reviennent à la vie dans leurs descendants, de telle sorte que la race se maintient et se maintiendra indéfiniment en décrivant un cercle ou une chaîne continue des vivants aux morts et des morts aux vivants. Cette théorie, empruntée aux religions de l'Inde qui, après des années d'expiation, permettaient aux défunts de revenir à la vie et de recommencer de nouvelles transmigrations, Pierre Leroux cherche à l'appuyer par une foule de raisonnements, par des citations d'auteurs, même en empruntant des textes de la Bible ; il fait remarquer surtout la ressemblance des enfants avec les ascendants, avec les grands-pères, avec les bisaïeuls, dont ils reproduisent assez exactement les défauts et les qualités. On peut demander, il est vrai, comment il peut se faire que, les naissances étant normalement plus nombreuses que les décès, les mêmes types puissent se reproduire ainsi indéfiniment. Pour expliquer cette anomalie, le philosophe est obligé de recourir à l'intervention divine.

Que devient, en outre, dans ce système, la croyance au mérite et au démérite, ou la punition des méchants et la récompense des bons? M. Pierre Leroux ne le dit pas; on pourrait faire beaucoup d'autres objections à ce système de renaissance continue dans l'humanité, qui s'accorde d'ailleurs avec les idées panthéistiques de l'auteur.

Il faut ajouter que ce sujet, si obscur par lui-même, n'est pas exposé de manière à porter la conviction dans l'âme du lecteur. Le style en est abstrait, tourmenté, et n'éclaire que très incomplètement la pensée.

Il est aisé de comprendre que cette théorie a fait peu de prosélytes, et que la notion d'une vie future reste en dehors des données de la foi, aussi mystérieuse qu'auparavant.

CHAPITRE XXX

MISS KATE, ALLAN-KARDEC, OU LE SPIRITISME.

C'est le sentiment de la vie future qui a donné lieu à la croyance populaire aux revenants. Quoique rejetée en général par les esprits éclairés, on la retrouve chez tous les peuples, mêlée à une foule de superstitions.

Dans ces derniers temps, cette croyance a suscité une secte mystique, qui croit non seulement à l'évocation possible des morts, mais qui, moyennant certaines pratiques, prétend entrer en communication avec eux et en obtenir des réponses sur les sujets qui peuvent les intéresser : c'est la doctrine du spiritisme. Elle est née aux États-Unis, où ont été faites les premières expériences sur les tables tournantes, parlantes. De là elle est passée en Europe, et, grâce à ses nombreux journaux, à ses écrivains et à des moyens de propagation très actifs, elle a conquis une foule de prosélytes.

Une famille américaine, du nom de Fox, vint en 1847 occuper à Hydesville, village près de New-York, une maison où se faisaient entendre pendant la nuit des bruits étranges dont la cause était inconnue. Dans le public, on la croyait habitée par des esprits ou par des revenants. Cette famille, effrayée par ce tapage nocturne, se disposait à quitter la maison et à aller habiter ailleurs, lorsque la plus jeune des filles de M. Fox, plus courageuse que les autres, Miss Kate (c'était le nom de la jeune personne), voyant que ces esprits dits frappeurs ne leur faisaient aucun mal, eut l'idée d'étudier de plus près cet étrange phénomène et de se mettre résolument en communication avec ces êtres invisibles, si toutefois ils existaient.

C'était pendant la nuit qu'avaient lieu ces bruits qui les effrayaient. On entendait des coups violents qui ébranlaient les murailles ; les chaises se renversaient avec fracas les unes sur les autres, et le lendemain, lorsqu'on entrait dans ces appartements, on trouvait un désordre affreux et les meubles sens dessus dessous.

Miss Kate remarqua d'autres fois que certains meubles éprouvaient seulement un mouvement de trépidation ; cela lui donna l'idée de provoquer elle-même ces mouvements, de se mettre ainsi en communication plus directe avec ces esprits, et d'en obtenir des réponses, si c'était possible. Après plusieurs essais infructueux, Miss Kate vit que les tables entourées par plusieurs personnes qui tenaient leurs mains appliquées sur le meuble et dont les doigts se touchaient, finissaient par se mettre en mouvement et tournaient plus ou moins rapidement sur elles-mêmes. D'autres fois, elles se soulevaient, tantôt sur un pied, tantôt sur l'autre, en marquant sur le parquet des coups parfaitement distincts.

De là à interroger l'esprit muet qui paraissait animer le meuble en question, il n'y avait qu'un pas. Ces esprits, comme le croyait Miss Kate, ne pouvaient être que des démons, ou les âmes de personnes qui avaient vécu dans le monde, que l'on avait peut-être connues ; en les évoquant, on obtenait le secret de leur destinée et on pouvait se mettre en communication régulière avec elles.

Toutefois, cette faculté d'évocation n'était pas donnée à tout le monde ; il fallait, paraît-il, une organisation particulière, ou on ne pouvait réussir qu'après de nombreux exercices. De là la nécessité d'un *médium*, c'est le nom que donnent les spirites à la personne qui a plus spécialement le don de faire parler les esprits.

Telle est, d'une manière très générale, la doctrine du spiritisme, ou la théorie des tables tournantes, parlantes, et de l'évocation des morts.

Reste à exposer le procédé employé pour faire tourner les tables. On se sert ordinairement de tables peu pesantes, mieux de guéridons, pourvus de trois ou quatre pieds. Plusieurs personnes appliquent les deux mains sur la tablette supérieure, en rapprochant leurs doigts et en exerçant une pression plus ou moins forte. Au bout de quelque temps, on entend des trépidations ou de légers craquements dans le meuble en question. Il tourne sur lui-même ; d'autres fois, il se soulève sur un pied lorsqu'on l'interroge, et marque un ou plusieurs coups très distincts en retombant. La personne qui interroge ou le médium a un alphabet, et nomme les lettres les unes après les autres. Il est convenu que le dernier coup frappé et qui est suivi d'une pause désigne la lettre qui est nommée en même temps. On les écrit les unes à côté des autres, sur une feuille de papier, en ajoutant les points et les virgules, et on forme les phrases. C'est ainsi qu'on obtient des réponses aux questions qui ont été posées, du moins on le croit. Après quelque temps, les mouvements de la table cessent, et jusqu'à nouvel ordre, elle ne répond pas.

Quels sont ces esprits que l'on évoque ainsi ? Ce sont, disent les spirites, ceux de parents, d'un père, d'une épouse, des enfants, des amis, etc.

Ces communications avec des êtres que l'on a aimés remplissent, disent les partisans de la secte, d'émotion ceux qui les provoquent ; elles les consolent des cruelles séparations que la mort a produites, elles leur font croire que ces êtres chéris sont encore présents, que ces séparations ne sont que momentanées, que leurs âmes existent non loin d'elles, qu'elles les entendent, qu'elles peuvent répondre à leur appel, et que la réunion définitive aura lieu un jour.

Le pontife de ces nouvelles croyances qui affirment l'immortalité de l'âme est Allan-Kardec, qui, par ses nombreux écrits sur ces questions abstruses où l'imagination joue sans doute un grand rôle, par sa pratique, dis-je, a exercé une grande influence et dans un certain monde a formé un grand nombre de disciples.

Mme Émile de Girardin, vers la fin de sa vie, était devenue une des plus ferventes adeptes du spiritisme. Dans une visite qu'elle fit à Jersey, chez Victor Hugo, elle fit beaucoup d'expériences et vint à bout de convertir plusieurs personnes de la société du grand poète.

M. Vaquerie, qui était du nombre des incrédules, rapporte qu'après bon nombre d'essais infructueux pour faire tourner les tables ou les faire parler, on finit par réussir, et il fut frappé de certaines réponses. En interrogeant l'esprit, il donna le nom de la fille de Victor Hugo qui avait péri quelques années auparavant et avait été noyée dans la Seine avec son mari. Inutile de dire que cette évocation remplit d'émotion toute l'assistance. M. Vaquerie assure que, rentré à Paris, il fit pendant longtemps beaucoup d'expériences de ce genre et qu'il obtint des résultats qui le convertirent à demi au spiritisme.

Parmi d'autres disciples illustres d'Allan-Kardec, citons Mme Olympe Andouard, auteur distingué, qui évoquait, disait-elle, à volonté l'âme d'un fils qu'elle avait perdu en bas âge et avait avec lui des conversations suivies. Citons aussi M. Home, qui donnait souvent des séances aux Tuileries sous le second Empire et produisait des effets vraiment surprenants ; enfin, n'oublions pas M. Flammarion, spirite convaincu (1).

On comprend que la curiosité qui s'attache à ces évocations mystérieuses a dû impressionner vivement certains esprits et faire un grand nombre de prosélytes.

Ajoutons que des publications nombreuses, des journaux, des revues ont été créés pour propager cette étrange doctrine. Si on en juge par le nombre de ces productions, on peut supposer que la foi au spiritisme fait de grands progrès et que les disciples d'Allan-Kardec se multiplient de plus en plus.

Quel jugement peut-on porter sur les faits que nous venons d'exposer très rapidement, car une étude approfondie du spiritisme n'est pas de notre sujet ?

Ce sont en général des personnes nerveuses, impressionnables, éminemment sensibles, que la perte d'êtres aimés a vivement affectées, qui se laissent séduire le plus souvent par les pratiques du spiritisme et qui ont une foi absolue dans ces doctrines abstruses.

Si on ne peut contester que des tables peu pesantes

---

(1) M. Flammarion, si connu par ses nombreux ouvrages astronomiques, si nous ne nous trompons, est aujourd'hui moins convaincu et paraît avoir abandonné le spiritisme.

puissent faire quelques mouvements lorsque plusieurs personnes appuient dessus avec leurs mains ayant l'intention bien évidente et le désir très vif de les faire tourner, on doit trouver extraordinaire qu'il suffise, pour avoir une réponse aux questions que l'on fait, d'écrire au fur et à mesure une lettre de l'alphabet après les coups qui sont frappés par les pieds de la table, et de noter seulement celles qui sont suivies d'une pause et qui ont ainsi une signification tout à fait arbitraire. L'imagination, quoi qu'on en puisse dire, doit jouer un grand rôle dans cette interprétation des mouvements de la table, et le médium ou l'expérimentateur peut être accusé parfois de faire la demande et la réponse.

Lors même que les faits exposés par les spirites ne laisseraient aucun doute et que ces conversations avec les morts par l'intermédiaire de tables tournantes ou parlantes seraient une réalité, on devrait, ce semble, contester l'utilité de ces pratiques. Ces incursions téméraires dans le domaine de l'Inconnu, on pourrait dire de l'impénétrable, ces recherches qui ont pour but de sonder des mystères dont Dieu s'est réservé le secret, alors qu'on n'a rien pour se diriger dans cette profonde obscurité et que la logique et l'induction font absolument défaut, ces recherches, disons-nous, ne sont pas saines pour l'esprit, et beaucoup de personnes ont perdu leur raison en s'adonnant aux pratiques de cette science ténébreuse.

Il y a un autre danger pour les personnes qui font profession de la foi chrétienne. Nous avons vu que la première initiatrice du spiritisme, Miss Kate, croyait que c'était l'ennemi du salut, le démon lui-même, qui répondait à ses questions. L'Eglise a considéré aussi ces pratiques comme diaboliques et les a défendues aux fidèles.

Il en est de ces mystères comme de tant d'autres qui

nous entourent; ils restent voilés à notre faible intelligence, et on peut croire qu'on n'en aura l'explication que dans une autre vie, où nos facultés et nos organes auront subi une transformation complète, dont notre sens intérieur et les lumières de la foi nous donnent presque l'assurance.

CHAPITRE XXXI

LES PHILOSOPHES ALLEMANDS. — LEUR OPINION AU SUJET DE LA VIE FUTURE ET DE L'EXISTENCE DE DIEU.

C'est, on ne l'ignore pas, le caractère distinctif de la race indo-germanique d'être plus méditative et plus portée aux abstractions de la pensée ou à l'idéalisme que d'autres nations de la race latine, moins propres aux hautes spéculations de la philosophie, mais douées, en revanche, d'un génie plus lucide, d'une intelligence plus pratique, qui porte une vive lumière dans les diverses branches des connaissances humaines, mais sait s'arrêter à temps, et repousse instinctivement tout ce qui est obscur, et que la raison ne peut pénétrer qu'en perdant de sa force et en s'entourant d'épais nuages qui répugnent à sa nature. On comprend que cette disposition de l'esprit et ce penchant à l'idéalisme ont dû favoriser en Allemagne les études métaphysiques, ou ce qu'on est convenu d'appeler la philosophie transcendante.

Les plus grands penseurs ou les savants qui ont creusé le plus avant les problèmes que présentent la constitution du monde, son mode de création, la connaissance de Dieu et de soi-même, se trouvent peut-être plus nombreux en Allemagne ; malheureusement, leurs doctrines ont été en général peu favorables aux croyances religieuses, et ont abouti le plus souvent à la négation de l'orthodoxie chrétienne, au panthéisme et à une conception fausse de la vie future. Parmi ces philosophes, nous pouvons citer Kant, l'auteur célèbre de la *Critique de la raison pure;* Fichte, Schelling, Hegel, Jacobi, Oken, Blatche, Wagner, Novalis, Schleiermacher, Schopenhauer, Herbert, Fichte Hermann, Strauss, Feuerbach, Frédéric Schlegel, Stolberg, ces deux derniers avant qu'ils fussent convertis au catholicisme.

Nous allons passer en revue aussi brièvement que possible les opinions que ces écrivains ont émises au sujet de la vie future.

Kant. — Kant, fondateur de la philosophie allemande, naquit à Kœnigsberg en 1724 et mourut en 1804. Il professa avec éclat la philosophie dans cette ville, dont il ne sortit jamais, et continua ces études sans aucune distraction jusqu'à la fin de sa longue carrière.

La question de l'entendement humain avait été très controversée avant lui, on ne l'ignore pas. Platon avait cru pouvoir admettre des idées innées, sorte de réminiscence, suivant lui, d'une vie antérieure. Locke, philosophe anglais, s'inspirant dans une certaine mesure de Bacon et de la méthode expérimentale que cet homme illustre avait instituée pour l'avancement des sciences, nia d'une manière absolue les idées innées, et chercha à prouver que toutes les notions de notre esprit ne peuvent nous venir que par les sens. Cette philosophie, qui devait avoir plus tard pour conséquence la négation de l'immortalité de l'âme, de l'idée de justice ou de notion du bien et du mal, et même du dogme de l'existence de Dieu, comme nous l'avons vu, fut admise par tous les philosophes du dix-huitième siècle ; on lui donna le nom de philosophie de la sensation.

Kant, dans ses trois grands ouvrages auxquels se rattachent tous les autres, la *Critique de la raison pure,* la *Critique de la raison pratique,* la *Critique du jugement,* a cherché à concilier ces doctrines opposées : il admet des idées subjectives et des idées objectives, et il trace une ligne de démarcation exacte entre ces deux domaines de l'intelligence humaine.

Aux idées subjectives appartiennent les conceptions pures de l'espace et du temps, les concepts de la raison qui accompagnent nos jugements, les idées plus élevées de l'absolu, de l'idéal, de Dieu l'être absolu, etc. Mais d'après Kant ces idées n'ont de réalité que dans notre esprit, elles n'ont aucune valeur en dehors de la pensée humaine qui les conçoit.

Il en résulte que l'existence objective et réelle de la divinité, puisqu'elle ne peut pas être démontrée par la raison spéculative, est contestée par Kant. Il rejette ainsi toute idée de culte et toute révélation surnaturelle, enfin, il déclare puérile la question des récompenses et des peines après la mort.

Tel est le scepticisme du philosophe de Kœnigsberg au sujet des vérités de la religion. Il est vrai qu'après avoir démontré l'insuffisance du raisonnement pour établir les vérités primordiales dont nous venons de parler, Kant y revient dans la *Critique de la raison pratique*, et, par une sorte de contradiction, s'appuyant sur le sentiment ou la conscience, il formule les lois qui dirigent la volonté et forment la base de la raison pratique. Il en déduit ainsi la liberté morale, la notion du devoir et paraît croire à l'existence de Dieu, qu'il avait repoussée au nom de la raison spéculative, et à l'idée d'une vie future.

Fichte. — La philosophie de Fichte, successeur et élève de Kant, né dans la Lusace en 1762, n'est pas moins abstraite que celle de son maître. Ce dernier avait fait la part aux facultés de l'âme qu'il appelait subjectives et aux sensations qui étaient produites exclusivement par les sens. Fichte ne voulut pas admettre ce dualisme. Dans sa conception de l'idéalisme, il concentre dans le moi tout l'ensemble de la science. Le moi suivant lui est l'être absolu, comprenant tout et donnant la raison de tout ce qui existe. Malgré les modifications apportées plus tard à son système et ses incursions dans le domaine de la religion, Fichte n'est pas moins panthéiste, car il refuse à Dieu la personnalité, et comme Aristote (1) il n'accorde l'immortalité qu'aux âmes qui, dès cette vie, se sont unies à l'absolu ou à la divinité par l'exercice de la vertu. Pour Fichte, le non moi ou le monde extérieur est créé par le moi, et c'est lui qui lui donne la réalité.

Le panthéisme de Spinosa ne reconnaissait qu'une substance, et, à l'exemple des stoïciens, confondait les êtres contingents avec Dieu. Fichte rattache l'absolu, l'éternel à l'homme lui-même, supprimant en réalité le dogme de l'existence de Dieu et celui de la vie future.

SCHELLING. — Schelling, disciple de Fichte, n'a pas adopté les idées exclusives de son maître. A son panthéisme subjectif il oppose un panthéisme plus large, qui embrasse tout ce qui appartient au non moi. C'est le panthéisme de Giordano Bruno, de Spinosa, etc.

Dans ce système de l'identité ou de l'affirmation d'une substance unique, on ne l'ignore pas, la notion du bien et du mal s'efface complètement.

Le bien et le mal, la vertu et le vice sont, selon ce philosophe, des modes également légitimes et nécessaires de la substance unique et infinie. Il résulte de ce système, auquel on a donné le nom de philosophie de la nature, que la personnalité de l'homme est détruite avec la vie et qu'il n'y a pas de vie future.

Offrir, dit Schelling, pour récompense à la vertu un

---

(1) L'opinion d'Aristote à ce sujet a été fort controversée; mais tout prouve qu'il se rattachait au spiritualisme, puisqu'il définissait l'homme : « Un animal politique et religieux ».

bonheur futur, c'est prétendre le payer d'une illusion morale. L'existence personnelle ayant été le résultat d'une chute, la réhabilitation a lieu par le retour à la substance universelle.

Hegel. — Il était dans la destinée des grands philosophes allemands de ne pas sortir des voies du panthéisme.

Hegel, né à Stuttgart en 1770 et mort en 1831, donna une autre forme au panthéisme de Schelling, et employa une méthode différente; mais au fond, sur la liberté morale de l'homme, sur la Providence, sur la vie future, les conclusions sont les mêmes.

La proposition qui sert de base à tout le système d'Hegel, c'est l'identité de la pensée humaine et de l'univers, qu'il traduit ainsi : l'identité de l'identique et du non identique. Ainsi, il y a, selon lui, identité du fini et de l'infini, de l'être et du néant, se transformant par le devenir; l'identité du bien et du mal, etc.

Dans ce système, l'homme n'a pas de véritable individualité, sa personnalité s'efface et s'anéantit en Dieu. Quant à Dieu lui-même, c'est un être imparfait qui n'est jamais et devient toujours.

Le panthéisme d'Hegel, comme celui de Schelling, de Spinosa et de tous les philosophes qui ont exposé des systèmes analogues, exclut donc la notion de la Providence, de la liberté morale, d'une vie future et des peines et des récompenses qui y sont attachées.

On peut en dire autant des systèmes d'Oken, de Blatche, de Wagner, plus ou moins sectateurs de la philosophie de la nature.

Il faut faire une exception pour le philosophe Schleiermacher, dont les doctrines sont moins panthéistiques, et qui croit à une immortalité personnelle, mais sans désignation de peines et de récompenses.

Gœthe croyait, comme Platon, comme Origène, à la préexistence des âmes, à la réminiscence; il espérait que, dans une autre vie, nous conserverions le souvenir plus précis que celui de la vie antérieure.

Le philosophe Schopenhauer s'écarte de la doctrine d'Hegel et s'attache aux dogmes de la philosophie indienne ; il croit à la métempsycose, telle à peu près qu'elle est formulée par le bouddhisme. Suivant lui, les âmes, phénomènes de l'être universel, s'absorbent dans lui à la mort. C'est le nirvana de Bouddha ou l'anéantissement de l'individu dans le néant.

Krauss, autre panthéiste allemand, croit à la migration des âmes ; mais, comme Jean Reynaud, dont nous exposerons plus loin le système, il les fait voyager de planète en planète. Il n'admet pas d'ailleurs, à l'exemple des autres panthéistes, la distinction du bien et du mal, il nie qu'il y ait des peines ou des rémunérations à attendre après la mort.

Toutefois, le panthéisme n'a pas tellement asservi les esprits de la nation allemande que son organisation intellectuelle porte aux abstractions, que ce système n'ait trouvé d'éminents contradicteurs ; on peut citer Herbert, autre adversaire d'Hegel, qui s'est fait le défenseur de l'immortalité individuelle, mais sans y joindre aussi l'idée d'une peine quelconque. Hermann Fichte, le fils du fameux philosophe et disciple d'Hegel, s'en sépare sur plusieurs points. Il suppose avec Leibnitz que le corps de l'homme meurt il est vrai et se dissipe dans les éléments, mais qu'il y a un autre organisme subtil, invisible, intangible, véritable principe de la vie, qui est associé à l'âme et qui explique et assure sa survivance. Il croit d'ailleurs, comme Goethe, à la préexistence des âmes et ne paraît pas éloigné de la croyance à la métempsycose.

Suivant Weisse, un autre philosophe allemand, il n'y aurait que les grandes âmes qui jouiraient du privilège de l'immortalité, les autres seraient anéanties.

Un autre disciple d'Hegel, qui s'éloigne de sa doctrine sur beaucoup de points, c'est Gœschel ; il croit à la résurrection, il affirme la préexistence impersonnelle des âmes en Dieu. Au sortir de la vie, ces âmes jouiront d'une éternité bienheureuse. Quant aux peines que peut infliger la justice de Dieu, il n'en fait pas mention.

Ces philosophes que nous venons de citer composent ce qu'on appelle la droite d'Hegel.

D'autres plus engagés dans les théories du maître, le centre gauche si l'on veut, regardent comme impossible la persistance de la personnalité après la mort. Ces philosophes citent le mot de saint Paul : *In Deo vivimus, movemur et sumus.* Ils croient à la rentrée de l'âme dans l'esprit universel, et finalement ne reconnaissent ni Providence en Dieu, ni vie future personnelle pour les hommes. Parmi ces philosophes, on peut citer Rosenkranz, Usteri, Richoth, Conradi, Michelet de Berlin, etc.

Enfin l'hegelianisme a produit des philosophes plus avancés, entre autres, Strauss et Fuerbach ; c'est l'extrême gauche d'Hegel. Ces savants sont plus ou moins athées, et ne gardent aucun ménagement envers le christianisme. Ils nient l'immortalité de l'âme. M. Fuerbach, plus radical, proscrit même tout sentiment religieux, tout idéal.

Malgré cette division des disciples d'Hegel, on est obligé de reconnaître que l'hegelianisme dans son ensemble a fait énormément de prosélytes en Allemagne.

C'est que, en dépit des abstractions de ce philosophe et de ses erreurs manifestes, il a entouré sa doctrine d'un appareil scientifique imposant, qu'il en a fait l'application à toutes les branches des connaissances humaines, et que son vaste savoir et la hauteur de ses pensées doivent lui faire obtenir une des premières places à côté d'Aristote et de Kant.

CHAPITRE XXXII

DE L'HEGELIANISME EN FRANCE.

Les doctrines de panthéisme des philosophes allemands, de même que celles de Spinosa au dix-septième siècle, ont fait, il faut l'avouer, peu de partisans en France. L'esprit français, en général si vif, si précis, si ennemi de tout ce qui est vague et plus ou moins obscur, ne peut s'accommoder des systèmes nuageux de la rêveuse Allemagne ; on ne peut guère citer dans notre pays que deux philosophes qui se soient inspirés de l'hegelianisme : M. Renan et M. Vacherot.

M. Renan. — Pour M. Renan, Dieu n'est que la catégorie de l'idéal, ou la forme sous laquelle nous concevons l'idéal, et la religion ne peut être autre chose que l'aspiration de l'humanité à cette conception, qui cependant, selon lui, n'a rien de réel.

M. Renan ajoute que le mot Dieu doit être conservé, parce qu'il est en possession des respects de l'humanité, qu'il a été employé dans les belles poésies, etc. ; enfin, il est nécessaire aux simples, quoiqu'il soit inutile aux parties nobles de l'espèce humaine. M. Renan comprend sous ce nom les esprits cultivés, les savants illustres, les grands hommes, et naturellement il se place lui-même dans cette pléiade qui ne constitue qu'une fraction infiniment petite de l'humanité.

On comprend que, d'après ces idées, sorte de reflet de l'hegelianisme, M. Renan ne peut faire aucune part au dogme de la vie future.

Il affirme, en effet, que, par le développement régulier des lois de l'univers, chaque intelligence individuelle n'est qu'une manifestation passagère de l'intelligence unique et éternelle, et que, s'étant produite sans création, puisqu'elle n'est qu'une émanation naturelle de la substance infinie, elle doit rentrer dans cette substance et perdre sa personnalité.

Comme Aristote, qui croyait à tort, comme nous l'avons vu précédemment, que tout finit pour l'individu à la mort, il s'appuie sur cette pensée du grand philosophe grec : « Tout ce qui existe n'est que l'identité du fond permanent des choses, à la surface duquel se déroulent les lignes toujours ondoyantes et variables de l'individualité. »

M. Vacherot. — Un autre philosophe français, qui s'est inspiré de l'hegelianisme, c'est M. Vacherot, ancien professeur de philosophie à l'Ecole Normale. Suivant ce savant, Dieu n'est qu'une abstraction, il ne devient réel qu'en s'individualisant dans les créatures ; mais alors il devient fini, contingent, et perd les attributs que l'on accorde à la divinité : l'éternité, l'absolue indépendance, l'universalité, etc. Il est clair que cette doctrine aboutit à l'athéisme. Puisque Dieu avec tous ses attributs n'est qu'une abstraction, qu'il n'a de réel que lorsqu'il s'individualise et se manifeste dans les créatures, on est obligé d'avouer qu'il n'est plus Dieu et qu'il n'existe pas. En un mot, Dieu, suivant M. Vacherot, est l'idéal du monde, et le monde est Dieu réalisé ou particularisé. L'idée d'une vie future, on le comprend, est exclue de ce système, et M. Vacherot n'en fait pas mention.

Voilà à quelles théories étranges conduit la manie de l'abstraction, lorsque la pensée humaine va ôtant toutes les bornes et s'éloignant de plus en plus des vérités de sens commun qui composent le lot indestructible de l'humanité.

Les philosophes dont nous venons de parler se seraient défendus probablement d'être matérialistes et athées, quoique leurs doctrines entraînent forcément cette conséquence, et ils auraient mieux aimé sans doute être admis dans le camp des spiritualistes ; il n'en est pas de même des adeptes de l'école dite positiviste fondée par Auguste Comte et par M. Littré. Ceux-là avouent franchement et hautement leur incrédulité, et se proclament matérialistes et athées.

Auguste Comte et l'école positiviste. — Auguste Comte, mathématicien et philosophe, né à Montpellier en 1798 et mort en 1857, élève de l'Ecole polytechnique en 1814, devint disciple de Saint-Simon, et aida son maître dans la publication de ses ouvrages; après la mort de Saint-Simon, il se fit chef d'école, et fonda un système de philosophie qu'il développa dans plusieurs ouvrages, et auquel il donna le nom de *positivisme*.

Dans son *Cours de philosophie positive* (1839-1842), 4 vol. in-12, Auguste Comte s'occupe d'éliminer les causes premières qui n'existent pas selon lui ou sur lesquelles il est impossible de rien savoir, et il substitue à l'idée de Dieu, qui, quoique fausse selon lui, a rendu quelques services, l'*humanité*. C'est le grand être dont la partie objective se compose de tous les hommes actuellement vivants, et dont la partie subjective comprend ceux qui ont existé autrefois ou qui existeront demain.

Ayant ainsi rayé Dieu et supprimé toute religion, tout culte, il n'admet pas davantage la vie future, ou plutôt l'immortalité qu'il promet est une pure négation.

Seuls les individus qui font partie du grand être, ou qui s'efforcent d'atteindre le but du positivisme, jouissent d'une sorte d'immortalité, c'est-à-dire qu'ils vivent, suivant leur mérite, dans le souvenir de leurs proches, de leurs amis, et même dans le souvenir de l'humanité toute entière, comme Alexandre, César, Napoléon.

Quant à ceux qui n'embrassent pas le positivisme, ou qui ne vivent pas suivant les lois qu'il a posées, ils ont pour partage le néant. Singulière immortalité qui ne se réalise tout au plus que pour une vingtaine d'individus plus ou moins célèbres, tandis que tout le reste, c'est-à-dire l'humanité presque toute entière, ne laisse aucune trace dans la mémoire de la postérité. L'oubli a dit un grand poète est le second linceul des morts.

L'école d'Auguste Comte a eu cependant un certain nombre d'adeptes, surtout parmi les médecins, qui ont joint au matérialisme de Broussais celui du fondateur du positivisme. N'oublions pas de compter au nombre des philosophes athées et matérialistes de nos jours, MM. Taine et Lanfrey, auteurs, l'un, des *Philosophes Français du dix-neuvième siècle*, et l'autre, de l'ouvrage intitulé : l'*Eglise et les Philosophes au dix-huitième siècle*.

CHAPITRE XXXIII

FOURIER ET LE FOURIÉRISME.

Fourier, l'auteur du phalanstère ou d'un système de socialisme qui eut en France un certain nombre d'adhérents, naquit à Besançon en 1772 et est mort en 1837.

Simple commis aux écritures, il consacra ses heures de loisir et une partie des nuits à acquérir une foule de connaissances ; mais, entraîné par son imagination vers l'étude des problèmes que soulève l'état social, il conçut un système bizarre qui avait pour but de supprimer les misères qui sont attachées à la condition humaine, et de procurer à tous les hommes la plus grande somme de bien-être. L'association du travail réalisée au moyen du phalanstère et comprenant le capital, le travail et le talent, voilà les idées qu'il développa dans plusieurs ouvrages et dans un journal intitulé *la Phalange*, journal de la science sociale.

Fourier eut d'abord d'assez nombreux disciples; ils

essayèrent de réaliser les idées du maître et fondèrent, à Condé-sur-Vesgre, un phalanstère, sorte d'exploitation agricole calquée sur les plans qu'avait exposés Fourier; mais, comme il arriva plus tard pour l'Icarie, autre conception socialiste de Cabet, cette Société ne réussit pas et fut obligée de se dissoudre.

Il y avait cependant dans le système de Fourier une idée juste, c'était l'idée de l'association ou le travail collectif opposé à l'individualisme et à la concurrence effrénée qui laisse l'homme isolé et partant désarmé et en butte aux misères de l'existence ; mais ces idées, dont quelques-unes étaient susceptibles d'application, étaient noyées dans une foule d'imaginations bizarres qui devaient discréditer sa doctrine et faire oublier ce qu'il y avait de bon et de vraiment utile.

Fourier ne se contentait pas, en effet, de théories qui avaient rapport à l'industrie, mais il émettait sur l'Etat politique et social et sur les destinées de l'homme après la mort les idées les plus absurdes. Suivant lui, l'âme humaine est associée à un corps et le sera indéfiniment; il en résulte que son bonheur ne peut consister que dans les plaisirs des sens. Après la mort, l'âme n'est pas anéantie, elle se trouve unie à un corps subtil, qu'il nomme bizarrement *arome*, et qui procure, dit-il, les sensations les plus agréables. Chaque vie *aromale* sera suivie d'une autre vie et ainsi de suite. Ces diverses transformations n'auront pas moins de 81,000 ans de durée, dont 27,000 tout juste sur la terre et 54,000 dans d'autres planètes. Au bout de cette période, l'homme s'absorbera dans l'âme de la terre.

Plus tard, la terre elle-même sera détruite et sera réunie à une comète. Les mêmes transformations auront lieu pour les astres, et ce travail de composition et de décomposition se prolongera indéfiniment.

Le système de métempsycose de Fourier exclut, d'ailleurs, toute idée de morale et toute idée de peine ou de récompense après la mort. L'ensemble a pour conséquence le matérialisme, et le but que se propose ce philosophe est de procurer à l'homme, au moyen de l'association et du phalanstère, la plus grande somme de bien-être physique.

Jean Reynaud (*Terre et Ciel*). — Le système de la métempsycose, ou de la transmigration des âmes après la mort, a pris une forme plus raisonnable sous la plume d'un savant distingué qui avait adopté les idées de l'école fouriériste.

M. Jean Reynaud, philosophe et publiciste, était né à Lyon en 1806, il mourut en 1863. Elève de l'Ecole polytechnique, il en sortit avec le brevet d'ingénieur des mines ; en 1830, nous le voyons adopter les idées du saint-simonisme, et peu de temps après donner dans les erreurs du fouriérisme.

A la même époque, il entreprend avec Pierre Leroux l'*Encyclopédie nouvelle*, dont la publication ne fut pas continuée. Elu député en 1848, il joue un rôle politique jusqu'au Coup d'Etat de décembre, il donne alors sa démission de député, et quatre ans après il publie son principal ouvrage, intitulé *Terre et Ciel* (1 vol. gr. in-8º).

C'est dans cette œuvre de philosophie religieuse qu'il a développé, il faut le reconnaître, avec un véritable talent, un style entraînant et un grand appareil scientifique, son système de la vie future et de la transmigration des âmes d'astre en astre et dans des corps différents, mais appartenant exclusivement à des êtres raisonnables.

M. Léon Reynaud, dans l'exposition de son système de la métempsycose, a eu le soin d'élaguer les imaginations, plus ou moins grossières ou bizarres, des religions de l'Inde et de la Grèce antique. Contrairement à l'opinion d'Origène, il admet que ces pérégrinations des âmes ont lieu indéfiniment, et il rejette la fable du passage dans le corps d'animaux, comme le croient les sectateurs du bouddhisme et du brahmanisme.

Le système de ce savant suppose la préexistence des âmes, et il explique les malheurs et les souffrances de la vie actuelle, indépendamment du péché originel, par des fautes commises dans une vie antérieure. Comme Platon, il rapporte à des réminiscences les idées qui ne sont pas venues des sens et que nous paraissons apporter en naissant. Il se sépare d'ailleurs de Fourier, en admettant dans ces transmigrations continuelles la loi du mérite et du démérite. Enfin, son système diffère de celui de son collaborateur Pierre Leroux, qui, nous l'avons vu, fait renaître les âmes dans l'humanité, être collectif, dont elles ne se séparent jamais.

La métempsycose de Jean Reynaud, rendue ainsi plus plausible et débarrassée de son cortège d'improbabilités, exposée avec talent et entourée de preuves, ou du moins d'analogies empruntées à la science, a fait en France un certain nombre de prosélytes ; on peut citer M. Pelletan (1), M. Laurent (2), M. Ronzier-Joly (3), M. Buret (4), etc., etc. La plupart de ces théoriciens de la vie future suppriment, d'ailleurs, l'enfer ou le passent sous silence.

M. Pelletan, entre autres, voit dans ces existences qui se succèdent un progrès continuel ; suivant lui, les hommes trouveront toujours au delà un bonheur assuré, quoique proportionné à leurs mérites ; en un mot, il n'y aura pas de punition, mais progression dans le perfectionnement moral, et aucun n'en sera dépourvu. Les plus grands criminels jouiront-ils aussi de ce bonheur qu'il promet un peu témérairement à tous les hommes ? M. Pelletan ne s'explique pas à cet égard.

---

(1) *Profession de foi du dix-neuvième siècle.*
(2) *Études sur l'histoire de l'humanité.*
(3) *Horizons du ciel.*
(4) *Métaphysique des esprits.*

Une doctrine analogue sur la vie future a été développée par un autre philosophe d'un grand mérite, M. Théodore Jouffroy. Dans ses premiers *Mélanges philosophiques*, il admettait, outre la préexistence des âmes, une série indéfinie d'autres vies après la mort. Plus tard, dans son livre intitulé *Du problème de la destinée humaine* (p. 420) et dans ses *Nouveaux Mélanges*, il supprime le dogme de la préexistence des âmes, et croit pouvoir affirmer que l'âme entre, immédiatement après la mort, dans un état définitif; mais, agité par les mêmes doutes qui lui ont fait rejeter le dogme chrétien, il passe sous silence les peines que peut infliger la justice divine à ceux qui ont mené une vie criminelle.

La même réflexion peut s'appliquer à M. Bersot. Dans son livre qui a pour titre : *De la Providence* (chap. 9), il reconnaît la nécessité d'une récompense pour la vertu après la mort, mais il ne parle pas de la punition des méchants. L'idée de justice paraît répondre cependant à ces deux termes de la vie future.

CHAPITRE XXXIV

JULES SIMON

Dans son livre *De la Religion naturelle*, ce philosophe expose le dogme de l'existence de Dieu et de l'immortalité de l'âme, etc. ; mais il s'arrête à la religion révélée, et met entièrement de côté les doctrines du catholicisme. Son système religieux est le pur rationalisme, ou le socinianisme, qu'il juge suffisant pour la conduite de cette vie et pour l'affirmation des récompenses légitimes de la vie future.

M. Jules Simon fait, il est vrai, des emprunts nombreux au christianisme, il admet et admire la morale de l'évangile ; mais, en prenant à cette religion sainte ce qui lui paraît le plus convenable et le plus en harmonie avec ses idées, il proclame sa dissidence sur plusieurs points essentiels. Ainsi, il n'admet pas le principe de la révélation. Il nie le surnaturel, soit dans l'établissement du christianisme, soit dans la vie du Sauveur ; il nie aussi l'existence d'une Providence spéciale. Il avoue cependant la légitimité du culte chrétien, et il reconnaît l'impuissance de la philosophie à fonder un culte quel qu'il soit.

M. Jules Simon admet en outre un Dieu incompréhensible, unique, indivisible, éternel, souverainement bon, conscient ; il admet la création dans le temps, etc. Quant à la vie future, il croit, comme les chrétiens, que la récompense des bons consistera dans la vision béatifique de Dieu. On peut voir, d'après ce rapide exposé, que M. Jules Simon, franchement spiritualiste, ne croit pas aux principaux dogmes du catholicisme. Sa religion, excluant le surnaturel et dépourvue d'un culte spécial, où ne figurent ni l'adoration de l'être suprême, ni l'exercice de la prière, conversation intime avec Dieu où l'homme lui expose ses besoins et le remercie des grâces qu'il lui accorde, cette religion, disons-nous, qu'on appelle *naturelle*, fort imparfaite et insuffisante depuis la fondation du christianisme, n'est autre chose qu'une opinion philosophique, un pur rationalisme, et ne mérite pas le nom de religion. Cette dernière se compose essentiellement de trois parties : le dogme, la morale, le culte. M. Jules Simon n'admet ni la prière ou le culte, ni le dogme ; reste la morale évangélique.

CHAPITRE XXXV

M. THÉODORE MARTIN.

En terminant cette longue revue des esprits les plus éminents qui ont paru dans l'humanité et qui ont émis une opinion au sujet du dogme de l'existence de Dieu et de la vie future, nous ne devons pas oublier un philosophe plus récent, M. Théodore-Henri Martin, doyen de la Faculté des lettres de Rennes, celui-là catholique orthodoxe, qui a publié une étude complète de la vie future (1 vol. in-12, 1870).

Dans ce long travail, M. Théodore Martin passe en revue les diverses religions de l'antiquité et les croyances relatives à l'immortalité de l'âme. Il consacre un long chapitre à la doctrine hébraïque (plus de cent pages), et il n'a pas de peine à prouver, en citant des passages du *Pentateuque*, du *Livre de Job*, des *Prophètes*, des *Psaumes de David*, du *Livre des Macchabées*, etc., que les Juifs, contrairement à l'opinion de quelques écrivains modernes, croyaient à l'immortalité de l'âme.

Dans le chapitre IV, il expose la doctrine évangélique telle qu'elle a été prêchée par Jésus-Christ, par les apôtres, par les Pères de l'Eglise, etc. Dans le cinquième, il compare les enseignements de la théologie à ceux de la philosophie, il traite de la nature de l'âme, de la résurrection des corps, de l'éternité, des récompenses et des peines.

Il combat l'opinion d'Origène, qui, dans son livre des *Principes*, admet la préexistence des âmes et le pardon définitif accordé aux pécheurs et aux réprouvés après un nombre de vies successives dans lesquelles leurs fautes auront été expiées.

M. Théodore Martin traite ensuite de l'origine des âmes, de la liberté, de la grâce, de la pénitence justificative.

Le chapitre VI est consacré à la réfutation de l'athéisme, du scepticisme, et à l'exposition des doctrines panthéistiques des philosophes allemands. Il étudie ensuite le fouriérisme, et les croyances modernes de la métempsycose, dont Pierre Leroux et J. Reynaud, Pelletan, Laurent, Ronzier-Joly, Buret, etc., ont été les propagateurs.

Dans le chapitre IX, l'auteur s'appuie sur l'Ecriture sainte pour prouver que la résurrection des corps aura lieu à la fin des temps. Enfin, dans un dixième chapitre, il cherche à définir ce que doit être le royaume des cieux, le séjour des bienheureux, le ciel, etc.

Dans cet ouvrage, suivi de notes supplémentaires qui n'occupent pas moins de cent quarante-deux pages, l'auteur fait preuve d'une grande érudition, et les témoignages qu'il a réunis ne peuvent laisser aucun doute au sujet d'une vie future. Il faut avouer cependant qu'il y a, dans ce livre, quelques explications et même quelques hypothèses qui peuvent paraître hasardées, des textes de l'Ecriture qui paraissent forcés et que M. Théodore Martin invoque pour appuyer certaines opinions qui ne sont pas d'ailleurs articles de foi.

A ces réserves près, on peut affirmer que le but de l'auteur, en d'autres termes, la croyance à une vie future après la mort telle que la promet l'évangile, qu'elle est affirmée par les apôtres, par les Pères de l'Eglise et les grands docteurs du catholicisme, paraît avoir été démontrée avec un luxe de preuves qui ne laissent rien à désirer, et qui, chez tout homme de bonne foi et exempt de préjugés et d'idées préconçues, doit entraîner une conviction complète.

CHAPITRE XXXVI

DE LA VIE BIENHEUREUSE OU DU PARADIS.

D'après les Écritures, l'homme, au début, fut créé immortel, et fut placé, avec la femme, sa compagne, dans un lieu de délices, le paradis terrestre, où il devait être éternellement heureux. Mais sa désobéissance aux ordres de Dieu, son créateur, lui fit perdre son immortalité. Il fut chassé du paradis terrestre, et condamné, lui et ses descendants, à cette vie mortelle remplie de peines, de chagrins, de misères de toutes sortes et sujette à la maladie et à la mort. Il dut, pour se nourrir, travailler, à la sueur de son front, une terre ingrate, stérile, couverte de ronces et d'épines ; et, mystère impénétrable, ses enfants devaient être punis comme lui, car ils avaient tous péché en lui, comme dit saint Paul.

Heureusement, Dieu devait plus tard racheter ses descendants, et promettre à tous ceux qui observeraient ses commandements de les faire rentrer après leur mort dans ce paradis dont la désobéissance d'Adam avait exclu la race humaine.

Nous rentrerons donc un jour dans le paradis, que Dieu nous avait d'abord destiné, si nous pratiquons la vertu ; nous serons rétablis dans notre première dignité, et nous jouirons, comme les anges, de l'immortalité bienheureuse.

Voilà ce que les saintes Écritures nous apprennent. Mais ces quelques lignes de l'ancien et du nouveau Testament n'ont pu suffire pour contenter la curiosité humaine.

Où est ce lieu de délices que Dieu promet à ses élus ? Quelles sont les conditions de cette vie surnaturelle, qui confond notre raison et dont, dans l'état présent, il est impossible de se faire une idée bien juste? Est-ce sur cette terre, renouvelée à la fin des siècles, d'où le mal sera banni à jamais et où régnera un printemps éternel? Est-ce avec un corps perfectionné, un corps spiritualisé, comme le veulent quelques Pères de l'Eglise, et qu'est-ce qu'un corps spiritualisé? Sera-ce à l'état de pur esprit? Serons-nous comme les anges? Dans ce nouvel Eden, se nourrit-on d'un pain grossier, comme sur la terre, ou ces corps divinisés n'auront-ils d'autre aliment que l'éternelle vérité? Quel est ce genre de bonheur qui ne doit jamais finir?

Autant de questions, autant d'énigmes dont la solution nous est absolument cachée. Saint Paul se contente de dire que les yeux de l'homme n'ont jamais vu, que l'esprit de l'homme ne peut pas concevoir les récompenses que Dieu, dans sa munificence, prépare à ses élus dans le lieu de délices que nous devons habiter un jour.

Quoi qu'il en soit, on peut affirmer que la plupart des grands écrivains qui ont voulu percer ce mystère et donner une description raisonnable de cette vie future ont à peu près échoué.

Nous avons fait passer sous les yeux du lecteur la description de l'Elysée payen que Virgile a revêtu, il est vrai, d'une poésie admirable, mais qui choque notre raison. Qu'est-ce que ces ombres qui goûtent des plaisirs innocents sur ces rives enchantées de l'Elysée? Ils se rappellent les jours heureux de leur première vie, ils luttent entre eux probablement pour se désennuyer.

Fénelon, dans son *Télémaque*, fait aussi la peinture de l'Elysée, mais c'est un paradis chrétien, comme on l'a fait observer. Ce tableau du grand évêque est bien supérieur à celui de Virgile; il laisse toutefois à désirer et il y a nécessairement beaucoup de vague dans la peinture de ce grand inconnu.

Dans l'épopée des *Martyrs*, Châteaubriand a essayé

aussi de décrire ce séjour des bienheureux. On peut lire cette pompeuse description au livre III des *Martyrs*. L'auteur a donné l'essor à sa brillante imagination ; mais cette cité de Dieu, séjour des élus, malgré la magnificence des images, malgré les beautés du style, n'offre à l'esprit rien de bien précis, rien même de vraisemblable. Citons seulement ce passage éloquent où Châteaubriand s'est inspiré des idées de Fénelon :

« Est-ce l'homme infirme et malheureux qui pourrait parler des félicités suprêmes? Ombres fugitives et déplorables, savons-nous ce que c'est que le bonheur? Lorsque l'âme du chrétien fidèle abandonne son corps comme un pilote expérimenté quitte le fragile navire que l'Océan engloutit et arrive au port sain et sauf, lui seul connaît la vraie béatitude.

« Le souverain bien des élus est de savoir que ce bien sans mesure sera aussi sans terme. Ils sont constamment dans l'état délicieux d'un mortel qui vient de faire une action vertueuse ou héroïque, d'un génie sublime qui enfante une grande pensée, d'un homme qui ressent les transports d'un amour légitime ou les charmes d'une amitié longtemps éprouvée par le malheur. Ainsi, les nobles passions ne sont pas éteintes dans le cœur des justes, mais seulement purifiées ; les frères, les époux, les amis se retrouvent et continuent de s'aimer, et ces attachements, qui vivent et se concentrent dans le sein de la divinité même, prennent quelque chose de la grandeur et de l'éternité de Dieu. »

Serait-il possible, dans notre langue imparfaite, de tracer d'une manière plus exacte, plus précise si l'on veut, les splendeurs de cette vie future dont la certitude s'impose à notre âme, mais que Dieu a enveloppées de voiles pour ne pas nous détourner des devoirs, du travail et des préoccupations nécessaires de la vie présente?

L'immortalité de l'âme étant suffisamment prouvée et

démontrée d'une manière irréfutable, quelles sont ses conséquences et dans quelles conditions doit-elle s'exercer? C'est ce que nous allons tâcher d'exposer aussi brièvement que possible.

La conséquence qui se présente naturellement lorsqu'on a admis le dogme de l'immortalité de l'âme, c'est le retour à la vie du paradis terrestre. La race humaine chassée de ce lieu de délices par la faute du premier homme, mais plus tard réhabilitée et pardonnée grâce à l'intervention du Fils de Dieu, sera rendue à sa première destination; doués de nouveau d'immortalité, ceux qui auront pratiqué le bien et n'auront pas de faute grave à se reprocher, ou qui, ayant péché, auront avoué le mal qu'ils ont commis et exprimé un regret sincère d'avoir offensé Dieu, seront justifiés, et, ayant obtenu ainsi leur pardon, iront prendre possession de ce paradis, séjour de délices que Dieu, au commencement des âges, avait créé pour l'homme, dont le lieu nous est inconnu et où ils vivront éternellement heureux.

Dans ce cas, l'âme sera-t-elle associée à un corps? Cela paraît hors de doute; mais ce corps sera perfectionné, spiritualisé en quelque sorte. Il n'y aura pas de sexe, car l'immortalité supprime la reproduction; mais l'amour des créatures existera parallèlement à l'amour divin; seulement, il sera absolument moral, et il participera en quelque manière en intensité à l'infini dont jouit Dieu lui-même.

Il en sera de même de l'intelligence. Elle ne sera plus limitée par des organes grossiers, elle s'étendra aussi à l'infini, et la contemplation des merveilles de l'immense univers, la connaissance des secrets de Dieu, qui aujourd'hui sont impénétrables pour nous, jetteront l'âme dans un ravissement égal à celui que lui procure l'amour de Dieu et des créatures, et la maintiendront dans un état de félicité que rien ne pourra plus troubler.

On peut se demander, il est vrai, ce que peut être un corps spiritualisé. Il est évident que nous ne pouvons en avoir aucune idée ; mais la nature est si variée dans ses manifestations, que nous ne pouvons nier qu'elle ne puisse créer des corps de ce genre, et tel serait celui des élus. Ne pourrait-on pas rapprocher cette vie surnaturelle de celle du Sauveur, après sa résurrection, lorsqu'il apparaissait à ses apôtres ?... Quoi qu'il en soit, cette existence mystérieuse, inexplicable pour nous, est la conséquence de l'immortalité dont jouissent les bienheureux, et, après l'épreuve de cette courte vie, de leur rentrée dans le paradis, demeure qui était destinée aux hommes dès l'origine et dont la faute d'Adam les avait privés.

On n'est pas moins incertain sur le séjour délicieux qui doit être la récompense de ceux qui auront bien vécu sur cette terre et fait en toutes choses la volonté de Dieu. Est-ce sur cette terre renouvelée et changée en paradis, ce qui est difficile à croire ? Est-ce dans les nombreuses planètes qu'éclairent d'une lumière incomparable les millions d'étoiles, soleils immenses qui peuplent la voûte des cieux ? Nous l'ignorons, et la mort seule nous dévoilera ce mystère.

Saint Paul raconte, dans une de ses Epîtres, qu'il fut ravi en esprit au troisième ciel, et qu'il y vit des choses inénarrables. Il y a donc plusieurs cieux, plusieurs demeures pour les élus. Notre-Seigneur, dans l'évangile, dit aussi ces paroles remarquables : Il y a plus d'une demeure dans la maison de mon père.

Il est peut-être aussi difficile de se rendre compte du bonheur dont jouissent les élus dans le paradis. L'Ecriture se contente de dire qu'ils verront Dieu, et qu'ils seront éternellement heureux.

On peut donc affirmer que, dans ce séjour merveilleux, ils boiront à la source pure de la vérité, sœur de l'éternelle béatitude. Par delà ces cieux que nous voyons, s'étendent d'autres sphères lumineuses, dont le monde que nous habitons n'est que l'ombre (la science nous le fait présumer, la foi nous l'enseigne), et c'est là que vivent ces êtres immortels dont la félicité ne finira point.

Ces mondes ne sont pas sans doute équilibrés comme notre terre, où le bien et le mal, la vie et la mort, la chaleur et les frimas se balancent sans cesse, ou plutôt sont dans une lutte continuelle et ne laissent aux hommes que quelques instants de repos. Les élus jouissent d'un printemps éternel, d'où sont bannis les orages, les tempêtes furieuses et ces fléaux de la nature qui de temps en temps bouleversent notre globe. Une lumière pure, inaltérable, auprès de laquelle la nôtre n'est que ténèbres, les enveloppe et leur fait éprouver un bien-être indéfinissable. Revêtus d'un corps incorruptible, ils ne se nourrissent pas comme les habitants de la terre, et, comme nous l'avons déjà dit, ils n'empruntent pas leur substance aux éléments environnants. Le foyer de vie qui est en eux est inépuisable, et n'a pas besoin d'être renouvelé.

Quant à leur âme, elle participe dans une large mesure aux attributs de Dieu même, et ses facultés ont une puissance, une énergie, une étendue dont les intelligences les plus sublimes de la terre ne peuvent avoir aucune idée; les mystères de la nature, impénétrables pour nous, leur sont dévoilés à la fois. Ces mondes innombrables que Dieu a créés et qui remplissent les champs de l'infini leur apparaissent avec leurs beautés, leurs harmonies, leurs productions infiniment variées, et cette contemplation continuelle, jointe aux effluves de l'amour divin, les pénétrant de toute part, les jettent dans une extase dont le charme est indéfinissable.

Que sont les aspirations de la terre, les élans vers la divinité, les douceurs de la prière auprès de cette conversation intime avec Dieu qui se poursuit dans le ciel et n'aura pas de fin? Que sont enfin les transports de l'amour terrestre auprès de ces émanations de Dieu même, qui remplit l'âme de ses saints et leur fait goûter les voluptés ineffables du céleste amour?

Affranchis de la domination exclusive des sens, délivrés pour toujours de la servitude humiliante des passions et des instincts sauvages de l'animalité qui empoisonnent la vie humaine et sont la source de mille tourments, rentrés pour toujours dans ce paradis où, au début, Adam avait été si heureux, d'où l'orgueil et la désobéissance l'avaient chassé, revêtus d'immortalité, les habitants du nouvel Eden, oublieux des agitations, des peines, des angoisses de la vie terrestre, n'ayant plus de craintes d'aucune sorte, et voyant tous leurs désirs accomplis, réunis à ceux qu'ils ont aimés, boivent à la source inépuisable de la félicité céleste, et leur bonheur n'aura pas de fin.

CHAPITRE XXXVII

RÉSUMÉ.

C'est en vain que nous aurions recueilli péniblement les opinions des plus grands hommes, des génies les plus éminents qui ont paru sur la terre depuis l'origine des temps, si nous ne portions pas une conviction complète, inébranlable, dans le cœur de ceux qui nous liront, et si nous ne démontrions pas de la manière la plus évidente qu'il y a un Dieu créateur et conservateur de toutes choses, qui dirige tout, veille sur tout, dont la Providence embrasse tout ce qui existe; et que l'homme créé à son image, comme dit l'Ecriture, a une âme immortelle qui survit à la destruction du corps et accomplit ailleurs ses destinées.

Nous inspirant de Platon, de Descartes, de Leibnitz, de Clarke, des plus grands philosophes de l'antiquité et des temps modernes, nous avons exposé, contrairement à Locke, à Condillac et aux philosophes sensualistes du dix-huitième siècle, que toutes nos idées ne viennent pas des sens, que l'idée de Dieu, l'idée de l'immortalité de l'âme, qui en est la conséquence rigoureuse, la notion du bien et du mal ou l'idée de justice, sont le produit naturel de notre constitution pensante, qu'elles naissent avec nous, qu'elles se développent seulement avec l'âge, avec l'éducation, mais qu'elles existent en germe dans la conscience humaine et que les sens sont étrangers à leur formation.

Ce n'est pas, en effet, comme on pourrait le croire, le spectacle de la nature, l'ordonnance de ce vaste univers et la sagesse et l'intelligence qui se révèlent dans toutes les œuvres créées, qui font croire aux hommes que Dieu existe. Ce spectacle, auquel ils sont habitués, les laisse le plus souvent indifférents, et puis, pour remonter de l'effet à la cause qui le produit, il faut encore un effort d'intelligence qui, en général, n'est pas à leur portée. C'est le raisonnement qu'on appelle en philosophie : induction.

Si cette preuve de l'existence de Dieu, dite *a posteriori*, réservée aux hommes dont l'intelligence est la plus développée existait seule, elle ne serait qu'à l'usage des savants et l'idée de Dieu serait étrangère ou voilée en partie au reste du monde.

Mais il n'en est pas ainsi. Dieu a déposé au fond de la conscience humaine l'idée de son existence ; c'est ce sentiment intérieur qui ne trompe pas, qui éclaire à la fois le sauvage au milieu de ses forêts et l'homme que la civilisation a développé et perfectionné. Seulement, chez le sauvage, cette notion de la divinité est vague, confuse, et donne lieu aux croyances les plus bizarres et à un culte informe et contraire très souvent à la raison; mais l'idée n'existe pas moins et nous avons vu que presque tous les peuples du monde, même les plus déshérités, reconnaissaient un être suprême, lui adressaient des prières, lui offraient des sacrifices et l'honoraient d'un culte particulier.

C'est donc dans la conscience que se trouve ce sentiment de la divinité, croyance de sens commun, générale et universelle, qui, depuis le commencement du monde n'a subi aucune éclipse, et que ni les faux raisonnements, ni les théories plus ou moins obscures de l'impiété n'ont pu en chasser et n'en chasseront jamais.

Quant à l'idée de l'immortalité de l'âme, corollaire obligé, nous l'avons vu, du dogme de l'existence de Dieu, elle est encore plus étrangère à nos sens; on peut même dire qu'elle est absolument niée par eux, car, lorsque l'homme meurt, les sens ne nous apprennent rien au sujet du principe spirituel qui vient de quitter nos organes. Quel changement s'est produit dans cet instant suprême? On ne voit rien qui puisse l'indiquer. La respiration a cessé, il est vrai, le cœur ne bat plus, le sang ne circule pas; mais le corps, tout inanimé qu'il est, ne révèle aucune trace de la force qui le faisait mouvoir, et, à ne consulter que les apparences, il semble bien que cette force s'est évanouie, en même temps que le mouvement a cessé, et que tout l'homme a péri à la fois.

D'où est donc venue cette idée persistante de l'immortalité de l'âme, que nos sens condamnent d'une manière si absolue, si ce n'est de ce sentiment intérieur que Dieu a déposé au fond de notre conscience et qui est trop général et trop universel pour n'être pas vrai?

Chose étonnante, malgré cette contradiction entre le témoignage de nos sens et la croyance universelle, celle-ci n'est pas moins vivace et indestructible que l'idée de Dieu, et on la retrouve dans toutes les religions et depuis l'origine des temps. Elle peut être défigurée par des fables plus ou moins absurdes, et il est évident que l'imagination des peuples s'est donné une large carrière dans ce grand inconnu, dont le secret est voilé pour nous, mais l'idée existe toujours et les hommes les plus intelligents et les plus abrutis ont foi à cet avenir mystérieux, que l'observation de ce qui se passe autour d'eux devrait plutôt les engager à nier ou à mettre au nombre des chimères.

Il en est de même enfin de l'idée de justice ou de la notion du bien et du mal. Qui pourrait affirmer que cette idée nous est suggérée par les sens ? Y a-t-il aucune sensation, de quelque nature qu'elle soit, qui ait un rapport avec cette notion venue directement de Dieu, rayon émané de sa justice infinie, qui nous avertit lorsque nous faisons mal, suscite en nous le remords, et, au contraire, nous procure une satisfaction véritable lorsque la conscience nous rend témoignage que nous avons fait le bien ?

On ne saurait trop insister sur ces idées, car elles forment, s'il est permis de parler ainsi, la clef de voûte du spiritualisme, et elles expliquent pourquoi le sensualisme ou la philosophie de la sensation, qui rapporte tout aux sens, dont Locke au dix-huitième siècle a été le promoteur, et qui a rejeté bien loin l'idéalisme de Platon, de Descartes et de Leibnitz, a abouti en définitive à la négation de Dieu et au pur matérialisme.

Ces idées qu'avec Platon on peut appeler idées innées et que ce philosophe croit pouvoir rapporter à des réminiscences d'une vie antérieure, s'enchaînent d'ailleurs l'une à l'autre, et, si on en supprime une, tout le reste s'écroule et disparait.

L'idée de l'existence de Dieu entraine avec elle celle de l'immortalité de l'âme, de la notion du bien et du mal, etc., tandis que leur négation enlève à l'homme tout idéal et le livre sans défense à ses passions, à ses instincts. Privé de cette lumière supérieure qui devait l'éclairer sur sa route et assurer sa destinée, il erre sur cette terre ténébreuse sans guide, assez semblable à la brute qui n'a d'autre idée que celle de ses besoins.

Au témoignage de la conscience, qui seul suffirait pour affirmer le dogme de l'existence de Dieu et de l'immortalité de l'âme, vient se joindre, nous l'avons vu, le consensus de tous les peuples du monde, témoignage imposant, car d'où viendrait cette communauté d'idées entre des peuples qui n'ont eu aucune relation et qui cependant adorent un Dieu suprême et croient à une vie future ?

Nous avons fait une revue rapide mais curieuse des diverses religions, et nous avons pu nous convaincre que, quelle que soit la différence du culte ou de la manière d'honorer la divinité, le fond de la croyance ne varie pas, et qu'on admet partout qu'il faut adorer un Dieu créateur de toutes choses et maître des destinées humaines; qu'il faut le prier, lui offrir des sacrifices; qu'il est souverainement juste et que, dans une autre vie, il punit le vice et récompense la vertu. Pour prouver cette vérité, nous n'avons eu qu'à remettre sous les yeux du lecteur le tableau de ces divers cultes, dont la forme varie à l'infini, mais qui au fond expriment la même idée.

La première religion dans les temps les plus anciens paraît avoir été le chamanisme, l'adoration des forces de la nature, du soleil, de la lune, ou même des animaux plus ou moins redoutables, tels que le crocodile en Egypte, l'éléphant, le tigre dans l'Inde.

Puis vinrent des religions plus spiritualistes, le brahmanisme, le bouddhisme, qui règnent encore aujourd'hui dans la plus grande partie de l'Asie et qui professent le dogme de la métempsycose. Nous avons fait remarquer que ces religions n'admettent pas l'éternité des peines. Après une période d'années d'expiation, les âmes reviennent à la vie et poursuivent une série d'autres existences. Quant à ceux qui ont le plus approché de la perfection, ils sont réunis à Brahma et jouissent avec lui d'une félicité sans fin. Quelques-unes de ces croyances, on ne l'ignore pas, pénétrèrent dans la Grèce et dans le sud de l'Italie, probablement avec Pythagore, et Virgile les a exposées en beaux vers dans le sixième livre de l'*Enéide*.

Si on s'en rapporte aux Ecritures, on peut supposer toutefois que les premiers hommes, ou les patriarches, eurent la connaissance d'un Dieu unique, tout-puissant, qu'ils adoraient et auquel ils offraient des sacrifices. Le peuple de Dieu, ou les descendants d'Abraham et de Jacob, conservèrent toujours ces croyances. Plus tard, cette religion développée et formulée en corps de doctrine par Moïse, leur législateur, les préserva de l'idolâtrie et les distingua de tous les autres peuples.

Comme nous l'avons vu, l'idée de l'immortalité de l'âme ne fut pas étrangère à la religion juive, ainsi qu'on l'a prétendu à tort. Nous avons cité à ce sujet Job, David, Salomon, les Macchabées, etc.

Les religions de l'Asie, le brahmanisme, le bouddhisme, le magisme firent peu de progrès en Grèce et dans les contrées voisines. Ce sont les dieux de la mythologie chantés par Homère, par Hésiode, qui furent surtout adorés : c'étaient Saturne, Jupiter, Neptune, Pluton, Vénus, Apollon, Diane. Ces dieux avaient chacun leurs attributions, et ils avaient des temples fameux à Athènes, à Delphes, à Ephèse, à Eleusis, à Olympie, etc. Tous ces peuples croyaient à l'immortalité de l'âme : les méchants étaient précipités dans le Tartare, les justes étaient admis dans l'Elysée.

Dans l'Egypte, dans la Phénicie, dans la Gaule, on

adorait les mêmes dieux sous d'autres noms, et on professait les mêmes croyances.

Il en était ainsi des peuples barbares du nord de l'Europe. Odin, le dieu des Scandinaves, avait sa demeure au Valhalla, et il y recevait les âmes des mortels vertueux, celles des héros qui avaient succombé dans les combats, etc.

Les peuples indigènes de l'Amérique, les Canadiens, les Mexicains, les habitants du Pérou, qui adoraient le soleil, croyaient à une vie future ; les sacrifices humains, comme dans la Grèce antique, dans la Gaule, faisaient partie de ces cultes dont la forme variait à l'infini.

En Afrique, en Océanie, chez les nations sauvages de ces vastes continents, c'est le fétichisme qui domine ; mais, si grossier que soit leur culte et à quelques superstitions qu'ils s'adonnent, ils ont l'idée vague d'une autre vie.

Enfin, la religion de Mahomet, qui est répandue dans la Perse, en Arabie, dans l'Inde, dans la Chine, en Afrique, et qui compte plus de deux cents millions de sectateurs, proclame le dogme de l'immortalité de l'âme. Les mahométans, comme les chrétiens, admettent un enfer pour les méchants, un purgatoire qu'ils appellent Arfat. Quant à leur paradis, il est tout sensuel, il est peuplé de Houris, et les plaisirs des sens sont la récompense de ceux qui ont bien vécu.

Où que nous portions nos regards dans ce vaste univers, à quelque époque du monde que s'attache notre pensée, nous voyons donc partout cette croyance à l'immortalité admise par tous les peuples et faisant partie de toutes les religions si variées qu'elles soient.

Quelques voyageurs ont trouvé, il est vrai, des peuplades sauvages plus ou moins abruties qui n'avaient pas de culte apparent. On a cité les Hottentots, les habitants de la Nouvelle-Hollande ou ceux de la Terre de feu ;

mais, en supposant que ces relations de voyageurs qui n'ont fait que traverser ces contrées sauvages soient exactes, qu'est-ce que quelques poignées d'hommes dégénérés, comparées à la presque universalité du genre humain? Ce consensus universel constitue donc une autorité imposante et qu'il est impossible de récuser.

A cette preuve indirecte de l'existence de Dieu et d'une vie à venir, nous avons joint les preuves qu'on appelle métaphysiques, et qui ne laissent aucun doute dans l'esprit. Au premier rang, il faut mettre la preuve *a priori*, ou par l'être nécessaire, dont on trouve la première idée dans saint Thomas, que Clarke a formulée avec une grande précision, que l'on retrouve exprimée mathématiquement dans Leibnitz, et que Descartes avait déjà donnée ainsi : « Je pense, donc j'existe, donc j'ai un créateur, source parfaite de mes incomplètes facultés... »

La seconde preuve ou *a posteriori* est tirée du spectacle de l'univers, de l'ordre, de la sagesse et de l'intelligence que révèle l'ensemble de la création. Ces effets supposent une cause, et l'œuvre suppose un ouvrier, infiniment intelligent, infiniment puissant.

Qu'ont opposé à ces preuves les athées ? Les uns, comme Épicure, s'inspirant du système des atomes de Démocrite, ont cru à l'éternité de la matière ; ce sont les atomes qui, par leurs diverses propriétés et se combinant les uns aux autres, ont formé le monde, sans l'intervention de la divinité : dans ce système, Dieu n'existe pas, et il n'y a pas de vie future. Le stoïcisme, qui admettait que tout était corporel, qui ne reconnaissait ni un Dieu distinct de la matière, ni l'immortalité de l'âme, aboutissait à un panthéisme tout matérialiste. Il en est de même du panthéisme des modernes, de celui de Spinosa, qui n'admet qu'une seule substance ; du panthéisme de Lamennais, de Pierre Leroux. Enfin, le système de l'évolution ou le transformisme de Darwin, le positivisme d'Auguste Comte, le déisme, comme celui de Voltaire, qui admet Dieu pour la forme et lui refuse l'activité, la liberté, sont autant de systèmes d'athéisme que la raison repousse. Tous ont pour but de supprimer la divinité, de l'exclure de la création et de supprimer, avec elle, la notion du bien et du mal, la responsabilité des actes, de nier l'immortalité de l'âme, en un mot de mutiler l'âme humaine, qui est non seulement raison et sensation, mais encore sentiment et conscience.

Ces divers systèmes n'ont pas seulement pour effet de ravaler l'homme au rang des animaux, de lui enlever ses plus nobles attributs (l'idée de Dieu, l'idée de justice, la conscience d'une vie future, succédant à la vie présente si courte, si troublée et qui ne peut être considérée que comme une épreuve) ; mais ils ont encore pour résultat de relâcher tous les liens sociaux, de conduire les nations et les individus à un égoïsme incurable et d'amener tôt ou tard leur destruction.

Après avoir accumulé tant de preuves dans le but de rendre ces croyances essentielles à l'humanité aussi évidentes que possible, nous avons cru devoir passer en revue les opinions des plus grands hommes, de ceux dont l'intelligence a étendu le plus loin le champ des connaissances humaines et qui se sont le plus distingués par leurs talents, par la profondeur de leur esprit ; or, tous, nous l'avons vu, se sont rangés sous la bannière du spiritualisme et ont proclamé bien haut le dogme de l'existence de Dieu et de l'immortalité de l'âme.

Il aurait été trop long d'énumérer ces grands hommes. Il nous a suffi de citer, dans l'antiquité, Socrate, Platon, Cicéron ; au moyen âge, Albert le Grand, saint Thomas d'Aquin, la plus grande intelligence qui ait paru ; dans nos temps modernes, Newton, Leibnitz, Bossuet, Fénelon, Malebranche, Montesquieu, Buffon, Linné, Haller, J.-J. Rousseau, Châteaubriand, Bernardin de St-Pierre,

Cousin, J. Simon, Maine de Biran, Royer-Collard, Gratry, Beautin, Caro, J. Reynaud, Augustin Thierry, Lamartine, et le plus grand de tous peut-être par l'intelligence, Napoléon Ier, dont les croyances n'ont jamais fléchi, qui les a manifestées avec éclat lors du rétablissement du culte en France, qui, entouré d'athées, les a toujours combattus et est mort en chrétien.

Enfin, nous avons affirmé que, si nos vices, nos passions peuvent obscurcir en nous l'idée de Dieu et d'une vie future, il y a aussi une autre cause de cette erreur fondamentale, c'est la méthode vicieuse qu'on emploie généralement pour arriver à la connaissance de la vérité. Cette méthode jette le trouble dans notre esprit, et, au lieu de nous diriger vers le bien, nous en éloigne et a les conséquences les plus fâcheuses.

Notre âme réunie au corps par un lien mystérieux et qu'on a en vain cherché à comprendre, est distincte cependant, et, lorsque la séparation arrive, tout prouve qu'elle a une existence propre, qu'elle persiste enfin au delà, tandis que le corps se dissout et rentre dans les éléments. Or, l'âme, quoiqu'une, indivisible, impérissable, se compose de trois éléments réunis en un seul : la raison, la sensation, le sentiment ou la conscience. Il en résulte que les branches de nos connaissances ont un mode de certitude ou un critérium qui n'est pas le même et qui ne peut être appliqué indifféremment à l'une ou à l'autre. Ainsi, les sciences mathématiques ont pour critérium l'évidence et le calcul. La philosophie, encore l'évidence et le raisonnement ; les sciences religieuses, l'autorité, la conscience. Enfin, les sciences physiques ont un mode de certitude spécial et emploient une méthode différente, c'est l'expérience et l'induction.

Il est évident que, si le mode de certitude est déplacé, ou contre toute raison transporté vicieusement d'une science à l'autre, on tombe inévitablement dans l'erreur.

Ainsi, pour ne citer qu'un exemple, la méthode expérimentale, mise en honneur par Bacon et qui a fait faire tant de progrès aux sciences physiques, ne peut en aucune façon être appliquée aux sciences religieuses; comprend-on Dieu démontré expérimentalement ? Cette démonstration, nous l'avons vu, est, en revanche, du ressort du raisonnement, de la conscience, etc.

Il ne faut donc pas s'étonner si les philosophes qui, avec Locke et ses disciples, font venir toutes nos idées des sens, ont abouti au doute, au scepticisme avec Hume, Berkeley, à l'athéisme et au matérialisme avec Helvétius, Diderot, d'Holbach, Cabanis, etc. Ce vice de la méthode explique encore pourquoi les physiciens, les positivistes restent étrangers à la métaphysique et voudraient la rayer du cadre des connaissances humaines.

Quoi qu'il en soit, après tant de preuves accumulées, tant de témoignages des plus grands hommes et le consensus de tous les peuples du monde depuis l'origine jusqu'à nos jours, il n'est pas permis de douter de l'existence d'un être suprême, créateur, conservateur de tout ce qui existe, et de l'immortalité de l'âme, vérité corollaire de la première. S'il s'est trouvé quelques poignées de sauvages abrutis chez lesquels on n'a pas découvert des traces de culte, en revanche les peuples où la religion a été le plus honorée et où elle a exercé le plus grand empire sont aussi les plus civilisés, et ce sont eux également qui ont le plus brillé dans le monde par l'éclat de leur littérature, par le développement des sciences et par le génie des beaux-arts. Tels ont été, dans l'antiquité, les habitants de la péninsule hellénique de l'Asie Mineure, etc. La vie dévote jouait un grand rôle à Athènes (1). Les cérémonies religieuses, les processions où

---

(1) *La vie dévote à Athènes*, Mémoires de l'Académie de Toulouse, par M. Baudoin.

les théories, le culte rendu à Minerve, à Apollon, à Diane, à Jupiter, les temples magnifiques que ce peuple leur avait élevés, les fêtes en l'honneur des dieux qui étaient célébrées à plusieurs époques de l'année, le respect qu'on avait pour les divinités qui fut cause de la mort de Socrate, de l'exil d'Alcibiade, tout prouve combien le sentiment religieux était développé chez les Athéniens, qui ont joué un si grand rôle dans l'antiquité, dont la civilisation a été la plus avancée et qui ont produit en si grand nombre les plus beaux chefs-d'œuvre de l'art et de la littérature.

Dans nos temps modernes, n'est-ce pas les peuples les plus religieux dont la civilisation a été la plus brillante, témoins l'Italie au seizième siècle, la France au dix-septième ?

Que l'on compare au christianisme que professent toutes les nations de l'Europe les croyances religieuses des autres parties du monde, beaucoup moins parfaites et mêlées à une foule de superstitions, et l'on pourra s'assurer que la religion du Christ, qui occupe une plus grande place dans la vie humaine, est aussi celle qui produit les plus grands hommes et qui est propre aux nations les plus civilisées. La même supériorité se révèle chez les individus et, en parcourant les pages de l'histoire, il est aisé de voir que la plupart des grands hommes ont été éminemment religieux.

La raison en est simple : la croyance à la divinité et à une vie future, où les bons seront récompensés, élève l'âme humaine, l'oblige à vaincre les passions qui la dégradent, et la met à même d'atteindre aux plus hautes vertus. Mais c'est surtout la vie intérieure de l'homme qui est profondément modifiée par les croyances religieuses. Celles-ci ne se bornent pas à élever son âme, et, en la mettant en communication directe avec Dieu, à lui donner une supériorité incontestable sur tous les êtres qui l'entourent, elles lui apportent le calme, la paix, le contentement intérieur, l'espérance surtout, bien inestimable qui double les forces morales et soutient l'homme énergiquement dans le malheur et dans les épreuves attachées à sa vie mortelle.

N'est-ce pas la religion et la croyance à l'immortalité qui, lors de ces séparations douloureuses qui nous enlèvent les êtres que nous avons le mieux aimés, versent le baume sur ces plaies du cœur qui paraissent d'abord ne devoir jamais guérir, qui nous consolent, nous arrachent au désespoir et, nous donnant l'espérance d'une vie meilleure où nous retrouverons ceux que nous avons perdus, endorment nos douleurs et les rendent supportables ?

Un libre penseur qu'on nous a nommé disait qu'il en avait pris son parti, et qu'il s'était habitué à vivre sans espérance. Mais le désespoir est-il un état normal de l'âme ? Combien sont à plaindre ceux qui, au lieu d'élever les yeux vers cette lumière surnaturelle qui illumine le monde et qui porterait le calme dans leur âme troublée et défaillante, les abaissent obstinément vers la terre, renonçant à toute espérance, et, comme les damnés dont parle le Dante, entrent dans ce lieu ténébreux où le poète a placé sur la porte cette inscription terrible : *Lasciate ogni speranza, voi ch'intrate.*

Je ne sais si je me trompe, mais il semble que les témoignages de tous les peuples du monde, que l'affirmation imposante de tous les grands esprits de l'antiquité et des temps modernes sont bien capables d'ébranler les convictions sceptiques ou matérialistes des indifférents et des sectaires dont les doctrines aboutissent fatalement à l'athéisme des Schopenhauer ou des Hébert Spencer.

La négation de l'existence de Dieu et de l'immortalité de l'âme, au lieu d'être un progrès de la science, comme ils l'affirment, est simplement un recul et un retour aux conditions de l'animalité, ou à la vie des sens, étrangère aux idées innées, qui ont leur foyer dans la conscience humaine et sont indestructibles, telles que l'idée de Dieu, de l'immortalité, la notion du bien et du mal, etc.

Ces vérités que nous venons d'exposer, l'hellénisme les proclama à son honneur il y a vingt siècles par l'organe de ses grands philosophes; la religion du Christ les a confirmées, développées, et leur a imprimé son cachet divin. Qu'y a-t-il de plus certain au monde et de plus profondément vrai, et notre raison ne doit-elle pas s'incliner avec respect et avec conviction devant elles?

Nous croyons donc, avec une foi invincible, et nos lecteurs seront obligés de croire avec nous, que la religion, qui est un élément essentiel de l'âme humaine, comme l'affirme Aristote, le plus grand savant de l'antiquité, ne pourra jamais être détachée de l'humanité; nous croyons que les sectaires qui veulent l'extirper violemment du cœur de l'homme, enlever aux malheureux leur croyance, et les priver de toute consolation, font acte de mauvais citoyens. Notre siècle dévoyé a beau leur élever des statues, leur œuvre perverse restera stérile, le bon sens reprendra ses droits, et ils seront confondus.

Enfin, nous croyons fermement que le règne des méchants n'aura qu'un temps et que leur injustice et leur tyrannie seront punies, car Dieu est souverainement juste. Quant aux bons, victimes innocentes de la méchanceté humaine, après cette vie d'épreuves lavés de leurs souillures, guéris de leurs passions, qui étaient attachées à leur organisation physique analogue à celle des animaux, transformés en un mot, dont les pères furent chassés par leur désobéissance du paradis terrestre, ils y seront réintégrés, parce que leur faute aura été effacée, parce qu'ils auront obéi aux commandements de Dieu, et ils seront éternellement heureux. Il en sera ainsi de ceux qui, dans le malheur, se seront rattachés à des espérances immortelles.

Epoux infortuné qui êtes resté seul sur cette terre, n'ayant plus auprès de vous un cœur ami et dévoué pour épancher le vôtre, vous consoler dans vos tristesses, pour essuyer vos larmes et les faire disparaître sous les baisers ; vous qui avez pressé sur votre poitrine celle qui vous aimait et vous prodiguait ses tendresses, épouse adorée qu'un sort fatal vous a ravie, espérez encore, des liens si forts et si puissants qu'un Dieu bienfaisant avait lui-même formés ne peuvent être rompus à jamais !

Et vous, veuves inconsolées, dont la vie s'écoule maintenant dans la tristesse et dans les larmes, reprenez votre courage, relevez vos fronts abattus, ne pleurez plus ; l'époux que vous avez perdu n'est pas mort, comme les athées et les matérialistes voudraient le faire croire, il n'est qu'endormi, comme le disait Jésus de la fille de Jaïre. Lorsque l'aurore paraîtra de nouveau, il s'éveillera, il vous sera rendu plus brillant de jeunesse et plus aimant que jamais. Délivrés des maux et des épreuves de la vie, vous retrouverez les joies et le bonheur de votre premier amour, et vous célébrerez cette fois des noces immortelles !

Mères accablées de douleur, qui pleurez vos enfants, moissonnés avant l'heure, et qui vous penchez, le cœur rempli d'amertume et de regrets sur leur berceau vide, séchez vos larmes : vos enfants sont aujourd'hui des anges. Ils ne vous ont pas oubliées, car ils sont la chair de votre chair ; du haut de la céleste patrie, où ils sont heureux, ils vous tendent leurs petites mains, et vous envoient leurs gracieux sourires en attendant l'heure de l'éternelle réunion.

Vous tous enfin que le malheur a frappés, qui pleurez des êtres chéris qui ont disparu dans un jour de deuil et vous ont laissés seuls au milieu du chemin, désolés et livrés aux larmes et au désespoir, élevez vos cœurs, *sursum corda*; il y a une autre vie qui succédera à celle-ci; où nos douleurs et nos angoisses de la terre seront oubliées, et où des récompenses inouïes attendent ceux qui auront suivi les voies de la justice et aimé Dieu et le prochain.

Espérez donc et attendez ; un Dieu bon, clément, miséricordieux, veille sur ses créatures, et sa Providence ne peut abandonner l'homme, qui a été créé par lui, et qu'il a comblé de ses dons. Il a fait le précepte du pardon des injures, et lui, le Dieu du pardon infini, ne pardonnerait pas ! Il a fait une vertu de la charité, il veut qu'on rende le bien pour le mal, et lui seul serait impitoyable !

Quoiqu'il enveloppe nos destinées d'un voile impénétrable parce que les secrets de l'infini, comme un soleil trop éclatant, anéantiraient notre faible intelligence, on peut se fier à lui et à ses promesses. Il est le Dieu des vivants, et rien ne se perdra dans ce vaste univers.

Les âmes de ceux que nous avons aimés reviendront à la vie revêtues d'une jeunesse et d'une beauté immortelles. Nous les retrouverons avec délices, nous les aimerons de nouveau, et nos amours, dans une terre embellie de tous les dons de Dieu, sous un ciel constamment serein d'où seront bannis les orages, les intempéries des saisons et les maux innombrables qui nous assiègent dans cette vie mortelle, nos amours, disons-nous, et notre félicité n'auront pas de fin.

C'est Dieu, qui est la vérité même, qui a mis ces espérances au fond de notre cœur, et il nous aurait trompés, ce qui est inadmissible, s'il ne devait pas les réaliser.

CONCLUSION

Je ne puis quitter ce sujet si important de la destinée de l'âme humaine après la mort sans ajouter encore quelques réflexions qu'on voudra bien me pardonner, car, en réunissant tant de témoignages des esprits les plus sublimes de l'antiquité et des temps modernes, en accumulant les preuves de la persistance de l'âme après sa séparation du corps, je n'ai eu qu'un but, celui de combattre l'athéisme et le matérialisme, qui, sous le nom de libre pensée, envahissent de plus en plus notre France, de proclamer bien haut les doctrines spiritualistes qui ont pour aboutissant logique le catholicisme, et d'inculquer cette conviction invincible dans l'âme de mes lecteurs.

L'étude de l'histoire ne nous apprend-elle pas que les époques de la grandeur et de la prospérité des nations correspondent exactement au développement plus ou moins grand des croyances religieuses, tandis que, lorsque ces dernières s'affaiblissent, que la foi se perd, que la nation se matérialise et que la croyance en Dieu s'en va avec l'amour de la patrie, la décadence est commencée, et on peut affirmer alors que ce peuple est mûr pour la conquête, et que l'heure où il sera démembré, dépouillé de sa liberté et rayé de la liste des nations n'est pas bien éloignée.

C'est ainsi que périrent les Républiques grecques, ce fut le sort de l'empire romain, et telle sera la destinée des nations qui se dépouillent du sentiment religieux qui les aurait préservées de la corruption et les aurait rendues fortes et vaillantes pendant de longs siècles.

Il y avait de la religion au beau siècle de Périclès ; c'est alors qu'Athènes élevait le temple du Parthénon, dont les ruines nous confondent d'admiration, et que Phidias s'immortalisait par ses chefs-d'œuvre qui représentaient les dieux et les déesses de l'Olympe.

Les Athéniens, le peuple le plus spirituel du monde, était aussi le plus religieux (1). En même temps qu'il s'illustrait par les beaux-arts, il y avait à Athènes comme une floraison des plus beaux génies, dans la littérature et dans les sciences, que la Grèce ait jamais produits.

Il y avait un reste de religion sous Auguste, lorsque Cicéron écrivait ses *Tusculanes* et que Virgile, ce rival d'Homère, produisait ces immortels poèmes où les malheurs d'Ilion, les amours de Didon et les croyances populaires du paganisme jouaient un si grand rôle.

N'était-ce pas encore un siècle très religieux que celui de Léon X ? A quelle époque agita-t-on plus de problèmes religieux et vit-on briller d'un plus vif éclat les lettres et les beaux-arts ? Mais les sujets que traitaient les grands hommes de cette époque étaient presque tous religieux. Dante écrivait la *Divine Comédie*. Le Tasse chantait en beaux vers les exploits des croisés. Michel Ange, le plus grand artiste de l'Italie, peintre, sculpteur, architecte sublime, sculptait le Moïse, peignait la chapelle Sixtine, et élevait dans les airs ce dôme immense de Saint-Pierre presque aussi haut que la pyramide de Chéops.

La plupart des tableaux des grands peintres de l'Italie à cette époque représentaient des sujets religieux, et ont immortalisé les Raphaël, les Dominiquin, les Corrège, les Titien, les Véronèse, etc.

Enfin, le siècle de Louis XIV, si près de nous, n'est-il pas une nouvelle preuve de l'alliance de la religion avec

---

(1) Voyez, dans les *Mémoires de l'Académie des Sciences de Toulouse*, les curieuses recherches de M. Baudoin sur *la vie dévote à Athènes*.

la littérature et avec les beaux-arts ? Les innombrables chefs-d'œuvre de cette grande époque brillent encore d'un éclat immortel, et rien jusqu'à présent n'a pu les surpasser.

Que faut-il donc penser des sectaires, étrangers à l'histoire, qui ont pu affirmer que la religion conduit les peuples à la barbarie et est un obstacle au développement de la civilisation ? C'est le contraire qui est vrai, et on en aurait une nouvelle preuve, si, comme dans la période néfaste de 1793, le jacobinisme, triomphant et profitant de l'anarchie qui divise notre malheureuse patrie, abolissait le culte chrétien, pour faire place au règne sauvage de l'athéisme et du matérialisme qui effacent dans l'homme tout caractère divin et le rapprochent de l'animalité.

Espérons qu'il n'en sera pas ainsi, et que les tempêtes soulevées par des hommes ambitieux ou aveugles seront apaisées par une main providentielle, qu'après une réaction inévitable, la liberté succédera à la tyrannie des fanatiques de la franc-maçonnerie, et que, pour l'honneur de notre nation, le bon sens politique reprendra tous ses droits. C'est ainsi qu'après une nuit orageuse, où la tempête a tout bouleversé, on voit le soleil dissiper les nuages et briller au matin de tout son éclat. La nature se reprend à la vie, la terre se pare de nouveau de verdure et de fleurs ; un printemps radieux s'annonce de toute part et fait renaître l'espérance au fond du cœur de l'homme, ce printemps où l'on verra, grâce au véritable progrès, la science encore incomplète associée à la foi, sera comme l'image de Celui qui règne dans un monde meilleur et dont la durée est éternelle !

TABLE DES MATIÈRES

Rapport sur le concours du prix Gaussail..................... 5
Avertissement... 7
Introduction.. 9
Chapitre Ier. — Le dogme de la vie future chez les divers peuples de l'univers.. 17
Chapitre II. — La vie future chez les Hébreux............... 19
Chapitre III. — Des religions de l'Inde et des croyances des peuples de cette contrée de l'Asie au sujet de la vie future............ 24
Chapitre IV. — Du dogme de la vie future chez les Chinois.. 30
Chapitre V. — La religion et la vie future chez les Persans. — Les Mages. — Zoroastre : le « Zendavesta »................... 35
Chapitre VI. — Du dogme de l'immortalité de l'âme chez les Égyptiens.. 38
Chapitre VII. — L'idée de l'immortalité de l'âme chez les peuples de la Grèce... 39
Chapitre VIII. — Comment les écoles philosophiques de la Grèce ont résolu le problème de la vie future................... 53
Chapitre IX. — De l'épicurisme ou de la doctrine d'Épicure et de l'opinion de ce philosophe au sujet à l'immortalité de l'âme.... 58
Chapitre X. — Du stoïcisme................................. 60
Chapitre XI. — De la croyance à l'immortalité de l'âme chez les Romains... 63
Chapitre XII. — Avènement du christianisme. — Ses mystères, ses dogmes. — Comment il formule la croyance à la vie future.. 88
Chapitre XIII. — Saint Augustin : les *Confessions*.......... 93
Chapitre XIV. — Du mahométisme............................. 96
Chapitre XV. — De l'immortalité de l'âme chez les Gaulois... 100
Chapitre XVI. — L'idée de la vie future chez les peuples du nord de l'Europe : Germains, Scandinaves, Bretons................ 102
Chapitre XVII. — Le dogme de la vie future chez les nations sauvages de l'Amérique.................................... 105
Chapitre XVIII. — Religions des peuples de l'Asie septentrionale : Tongousses, Ostiaks, Samoyèdes, Mantchoux, Mongols, etc.... 113

CHAPITRE XIX. — Du christianisme et de ses diverses sectes. — Ce qu'il faut penser du dogme de la vie future tel qu'il est admis par le catholicisme et par les chrétiens dissidents.............. 115

CHAPITRE XX. — Opinions des littérateurs, des savants et des philosophes modernes au sujet de l'immortalité de l'âme.......... 123

CHAPITRE XXI. — Clarke..................................... 126

CHAPITRE XXII. — Descartes, Leibnitz, Bossuet, Fénelon.......... 136

CHAPITRE XXIII. — J.-J. Rousseau : Le Vicaire savoyard.......... 143

CHAPITRE XXIV. — Bernardin de Saint-Pierre : *Paul et Virginie*... 151

CHAPITRE XXV. — Châteaubriand. — De l'influence qu'il a exercée par ses ouvrages sur les croyances religieuses des trente premières années du dix-neuvième siècle.......................... 164

CHAPITRE XXVI. — Opinion de Cousin sur l'immortalité de l'âme.. 173

CHAPITRE XXVII. — Lamartine et l'immortalité de l'âme.......... 179

CHAPITRE XXVIII. — Mme de Staël............................. 181

CHAPITRE XXIX. — Pierre Leroux. — Son opinion au sujet de la vie future.. 186

CHAPITRE XXX. — Miss Kate, Allan-Kardec ou du spiritisme...... 188

CHAPITRE XXXI. — Les philosophes allemands et leurs opinions au sujet du dogme de l'existence de Dieu et de la vie future...... 194

CHAPITRE XXXII. — De l'hegelianisme en France................ 201

CHAPITRE XXXIII. — Du fouriérisme et du phalanstère. — Jean Reynaud... 204

CHAPITRE XXXIV. — Jules Simon............................... 208

CHAPITRE XXXV. — M. Théodore Martin......................... 210

CHAPITRE XXXVI. — De la vie bienheureuse ou du paradis........ 212

CHAPITRE XXXVII. — Résumé................................... 218

CONCLUSION.. 234

Albi, Imp. Henri AMALRIC, 14, rue de l'Hôtel-de-Ville.

www.ingramcontent.com/pod-product-compliance
Lightning Source LLC
Chambersburg PA
CBHW060119170426
43198CB00010B/960